NÃO SEJA BABÁ DE GENTE GRANDE

CARO(A) LEITOR(A),

Queremos saber sua opinião sobre nossos livros. Após a leitura,
siga-nos no **linkedin.com/company/editora-gente**, no TikTok
@editoragente e no Instagram **@editoragente**, e visite-nos no site
www.editoragente.com.br.

Cadastre-se e contribua com sugestões, críticas ou elogios.

FABIANO ZANZIN

Prefácio de
Leonardo Castelo

Apresentação de
Edmour Saiani

NÃO SEJA BABÁ DE GENTE GRANDE

Como transformar uma equipe dependente em um time totalmente engajado

Diretora
Rosely Boschini

Gerente Editorial Sênior
Rosângela de Araujo Pinheiro Barbosa

Editora
Rafaella Carrilho

Assistente Editorial
Camila Gabarrão

Produção Gráfica
Leandro Kulaif

Edição de texto
Giulia Molina Frost

Preparação
Amanda Oliveira

Capa
Plinio Ricca

Projeto gráfico e Diagramação
Plinio Ricca

Revisão
Vero Verbo Serviços Editoriais
Bianca Maria Moreira

Impressão
Paulus

Copyright © 2025 by Fabiano Zanzin
Todos os direitos desta edição
são reservados à Editora Gente.
R. Dep. Lacerda Franco, 300 – Pinheiros
São Paulo, SP – CEP 05418-000
Telefone: (11) 3670-2500
Site: www.editoragente.com.br
E-mail: gente@editoragente.com.br

Dados Internacionais de Catalogação na Publicação (CIP)
Angélica Ilacqua CRB-8/7057

Zanzin, Fabiano
    Não seja babá de gente grande : como transformar uma equipe dependente em um time totalmente engajado / Fabiano Zanzin. - São Paulo : Editora Gente, 2024.
    192 p.

ISBN 978-65-5544-576-3

1. Liderança 2. Grupos de trabalho I. Título

24-5209

CDD 658.4012

Índices para catálogo sistemático:
1. Liderança

NOTA DA PUBLISHER

Vivemos tempos em que muitos líderes se encontram presos a rotinas desgastantes, dedicando-se a microgerenciar suas equipes e atuando como supervisores de cada pequena tarefa. Esse cenário, infelizmente, é comum: o potencial da equipe acaba contido em uma estrutura onde a autonomia é sacrificada e o verdadeiro engajamento fica em segundo plano. O resultado é uma liderança exaustiva e equipes desmotivadas. Portanto, o desafio é claro: como construir uma cultura de trabalho onde os colaboradores sintam-se engajados, inspirados e comprometidos com um objetivo maior, em vez de meros cumpridores de tarefas?

É aqui que *Não seja babá de gente grande*, de Fabiano Zanzin, se torna uma leitura essencial. Com a experiência e a visão prática de quem já enfrentou esse desafio em sua carreira, o autor apresenta estratégias e reflexões que ajudam líderes e gestores a transformar o ambiente corporativo em um espaço de confiança e desenvolvimento mútuo. Este livro propõe caminhos práticos para que líderes abandonem o papel de "babás" e adotem uma postura de facilitadores e inspiradores de suas equipes, permitindo que o engajamento se transforme em um valor central e sustentável dentro da organização.

Com vasto histórico na formação de culturas organizacionais e na liderança de equipes diversas, Fabiano Zanzin traz o respaldo de sua atuação em importantes consultorias no Brasil. Conhecendo a fundo os desafios e as práticas que promovem a autonomia e a responsabilidade nos times, o autor apresenta aqui ferramentas embasadas em seus dezoito anos de experiência para todos os líderes que desejam resultados reais e duradouros.

Convido você a mergulhar nesta leitura e a descobrir o impacto de uma liderança transformadora. Aqui, você encontrará os insights para liderar com empatia e estratégia, promovendo um ambiente de engajamento autêntico onde o crescimento pessoal e o sucesso da empresa andam juntos. Afinal, mais do que supervisionar, liderar é inspirar.

Rosely Boschini

CEO e Publisher da Editora Gente

Esta obra é dedicada a todos os empreendedores brasileiros, verdadeiros heróis que, diante de adversidades inimagináveis, persistem em seus sonhos e aspirações. Em um país de tantos desafios econômicos, políticos e sociais, vocês são a prova viva de que paixão, resiliência e competência podem transformar realidades.

Cada um de vocês desempenha um papel fundamental no desenvolvimento do nosso país, pois acredito firmemente que a maior obra social que podemos realizar como nação é a geração de empregos, que sustenta famílias, move a economia e devolve a dignidade para as pessoas. Que este livro sirva como uma ferramenta em sua jornada para construir negócios prósperos e engajados.

SUMÁRIO

Apresentação   **11**

Prefácio   **13**

**Introdução: Babá de gente grande
ou equipe engajada**   **15**

1. Engaje seu time e produza quatro vezes mais!   **23**

2. Cultura de gestão e seu impacto direto no
   engajamento da equipe   **33**

3. Sete conceitos para o alicerce de uma
   equipe engajada   **51**

4. Liderança transformadora e seu impacto no
   engajamento – não existe equipe forte
   e engajada com líderes medianos   **75**

5. Engajamento estratégico – onde a visão
   encontra a ação   **85**

6. A imperativa necessidade de desenvolvimento
   e treinamento nas empresas   **113**

7. Retenção e recompensa   **121**

8. Feedback e *one-on-one*   **145**

9. Avaliação de desempenho   **165**

10. Engajamento × motivação   **185**

APRESENTAÇÃO

Sou fã top cinco do trabalho do Fabiano. Ele me chamou para fazer a apresentação deste livro, que trata do tema do qual ele me considera um guru. Claro, vocês o conhecem, ele exagera quando gosta de alguém. Não sou de exagerar e, mesmo assim, eu o acho um cara totalmente fora da curva. Quando eu entrei no Time Out em 2023 e vi um evento memorável em Londrina com 1.500 pessoas, tive a certeza de que eu não era o único que pensava isso. Ele é guru de muita gente. Vamos, então, falar do que ele me pediu e do legado que esta leitura que está em suas mãos vai gerar.

Desde que nasci, estudo, aprendo, desaprendo, convivo, me decepciono e me surpreendo com o conhecimento mais importante da vida: relacionamento humano. Para mim, aliás, esse deveria ser o nome dado ao departamento de RH: Relações Humanas. Uma empresa de duas pessoas já precisa dele e a maioria dos problemas de qualquer organização gira em torno da falta de integração de seus colaboradores.

Mas... qual é a causa dessa falta de integração?

Somos uma máquina de julgar. Julgamos mais rapidamente do que respiramos. Assim, qualquer nova relação começa com julgamento. Na Pré-História, o ser humano julgava quem ele encontrava pela frente e pensava: "quem vai comer quem primeiro?". A sobrevivência dependia disso. Canibalismo mesmo. Ou você comia ou era comido.

A boa notícia é que essa desconfiança e julgamento podem evoluir até a confiança ou o que é melhor – torcida a favor ao criar alianças. Vivemos para conquistar torcida a favor de todos que convivem conosco. Desde que o ser humano existe, esse é o cerne da questão; e, se integração e confiança forem trabalhadas continuamente, as relações serão muito mais construtivas, prazerosas e criativas.

No trabalho, engajamento é torcida transformada em ações produtivas, construtivas e criativas, a favor do líder e da marca onde trabalhamos.

Neste livro, Fabiano, um entusiasmado de nascença, nos descreve, com a energia e a competência que é só dele, o que e como fazer para construir engajamento "raiz" de verdade. Ele percorre nas páginas do livro todas as ações de um líder para gerar esse sentimento em todos por meio de um relacionamento construtivo com sua equipe.

Ter Fabiano associado à causa que defendo me dá orgulho. Tenho certeza de que ele vai tocar a alma de quem abrir a mente para o tema. Como você é um leitor de mente aberta, vai aprender tudo o que um líder dos novos tempos tem de fazer. E, mais, vai entender que a alma, ou seja, a força produtiva criada pelo engajamento, é o segredo de qualquer negócio de sucesso.

Leia o livro, mas, principalmente, coloque as lições valiosas que você aprenderá aqui em ação. Seu pessoal vai agradecer, elogiar, trabalhar com prazer, produzir muito. Engajamento faz tudo isso!

Edmour Saiani
Fundador da Ponto de Referência

PREFÁCIO

Quando escrevi meu livro *Sonhe, acredite e faça*,[1] compartilhei com o leitor as conquistas que pavimentaram minha jornada e redefiniram minha existência. Em meio a tantas decisões, duas surgem como faróis orientadores:

1. O ardente desejo de erguer um império empresarial de grandeza inigualável.
2. A inabalável determinação de impactar vidas, não apenas empregando, mas engajando, encorajando, inspirando e transformando a trajetória de inúmeras pessoas – e, para isso, eu sabia que precisaria construir uma cultura organizacional forte.

Esses sonhos, alimentados pela convicção absoluta em meu potencial, despertaram em mim uma força irresistível de ação. No entanto, a jornada em direção ao sucesso empresarial revelou-se um desafio monumental, principalmente quando se tratava de erguer uma cultura organizacional robusta. Não havia fórmulas prontas nem conhecimento consolidado, muito menos mentores experientes à disposição. Contudo, tive a fortuna de estar imerso, por nove anos, em um grupo empresarial cuja cultura era uma verdadeira fortaleza – a Coca-Cola, uma referência globalmente aclamada.

Ao contemplar uma empresa, é fácil admirar aquela cultura superficialmente, mas compreender e implementar os elementos essenciais dela em outro ambiente é uma tarefa de imensa complexidade. Uma cultura autêntica não pode ser simplesmente replicada; ela emana da essência, da mentalidade e das convicções arraigadas de seus fundadores.

---

[1] CASTELO, E.; CASTELO, L.; CASTELO, L. **Sonhe, acredite e faça**: conheça a trajetória dos empresários visionários que começaram vendendo produtos de limpeza em uma Kombi velha e criaram um negócio bilionário com mais de duas mil franquias. São Paulo: Gente, 2020.

Assim, iniciei uma jornada de imersão no estudo da cultura organizacional, determinado a construir uma das empresas com a cultura de equipe mais admirada em todo o Brasil. Criamos uma miríade de rituais, desde os marcantes gritos de guerra até cerimônias destinadas a celebrar conquistas e aprender com os desafios.

Foi durante esse intenso processo de construção que tive a grata oportunidade de cruzar caminhos com Fabiano Zanzin, profissional e empreendedor de vasta experiência em gestão empresarial e formação de cultura organizacional. Nossas conversas foram verdadeiros tesouros de sabedoria, fornecendo-me insights valiosos e metodologias práticas.

Para os desatentos, a cultura de uma empresa pode parecer resumida a um mero grito de guerra, mas a verdade é que ela permeia cada fibra da organização. A cultura é o motor que impulsiona a empresa, determinando sua forma de agir, interagir, remunerar, inspirar a equipe, comunicar-se, negociar e tratar parceiros e acionistas.

Se você está pronto para empreender uma transformação monumental em sua empresa, o livro *Não seja babá de gente grande* é um verdadeiro tesouro. Ele será seu guia essencial para construir uma cultura de gestão poderosa, produzir uma equipe verdadeiramente engajada e compreender que a cultura é um elemento vital de seu negócio, capacitando-o a concretizar todas as suas aspirações.

Desejo-lhe uma excelente leitura e muito sucesso em sua jornada.

Leonardo Castelo
Rei do Franchising

INTRODUÇÃO: BABÁ DE GENTE GRANDE OU EQUIPE ENGAJADA

Em um mundo onde a rapidez das mudanças só é superada pela velocidade que temos de nos adaptar a elas, as organizações enfrentam um desafio crítico: construir equipes não apenas eficientes, mas verdadeiramente engajadas. Neste livro, eu me proponho a entregar um manual prático para líderes e gestores que aspiram a transformar seus grupos de trabalho em equipes altamente engajadas, capazes de conduzir bem suas organizações em um mercado cada vez mais competitivo e implacável.

Entretanto, o cenário que muitas vezes se apresenta nas organizações de hoje contradiz a aspiração por equipes autônomas e engajadas. Líderes e gestores encontram-se frequentemente em um papel exaustivo e detalhista, atuando como microgerenciadores, ou, como sugere o título provocativo deste livro, como "babás de gente grande". Nesse cenário, a autonomia é sacrificada no altar do controle absoluto, onde se acredita que sem uma supervisão constante e direta as tarefas não serão cumpridas apropriadamente ou os padrões não serão mantidos.

A raiz desse fenômeno pode ser traçada até uma série de fatores: a falta de confiança nos colaboradores, o medo do erro e de suas consequências, a dificuldade de delegar e, talvez o mais crítico, a ausência de uma cultura de engajamento verdadeira. Esses líderes, embora bem-intencionados, acabam por sufocar a iniciativa e a criatividade das equipes, transformando o ambiente de trabalho em um espaço de dependência e passividade.

O contraste entre liderar equipes engajadas e ser babá de gente grande é evidente na maneira como os membros da equipe se percebem na empresa. Em um ambiente onde prevalece o engajamento, cada colaborador entende claramente seus objetivos e o impacto de seu trabalho no sucesso coletivo. Eles são movidos por uma visão compartilhada e por valores alinhados com os da organização. Aqui, apresento caminhos e ferramentas que implantei e testei em meus programas de consultorias nos últimos dezoito anos, de indústrias a redes de varejo, de empresas de serviços para educação a hospitais, e vou mostrar a você como líderes podem cultivar tal ambiente, destacando que engajamento é muito mais sobre inspirar do que comandar.

Engajar não significa apenas motivar temporariamente com incentivos externos ou discursos empolgantes. Engajamento verdadeiro é sustentável e se nutre de significado, propósito e reconhecimento. Nestas páginas, você poderá desenvolver habilidades de liderança que fomentem uma cultura de responsabilidade, resiliência e inovação.

A transformação de um líder em um agente de engajamento começa com a compreensão e a implementação de estratégias que permitam às equipes maior autonomia e participação nas decisões. Essa mudança de paradigma é crucial para que se evite cair na armadilha de tratar profissionais como crianças que precisam de constante supervisão.

Ao explorar as práticas de liderança que promovem um engajamento autêntico, este livro também discute a importância de estabelecer e comunicar expectativas claras. Líderes engajadores são mestres em definir metas desafiadoras, porém alcançáveis, que incentivam o crescimento pessoal e profissional dos membros da equipe.

Outra faceta crucial que este manual aborda é o desenvolvimento de uma comunicação eficaz. Um líder engajador sabe que ouvir é tão importante quanto falar e que o feedback – tanto positivo, quanto construtivo – é uma ferramenta vital para o desenvolvimento da equipe.

A todo momento vou propor reflexões e exercícios práticos que o ajudarão a aplicar os conceitos discutidos, garantindo, assim, que o aprendizado transcenda as páginas e se transforme em ações concretas.

Este livro é, portanto, um convite para que você, líder ou gestor, reflita sobre seu papel não como babá de gente grande, mas como cultivador de talentos e arquiteto de uma cultura de engajamento que seja capaz de elevar sua equipe e sua organização a novos patamares de sucesso e satisfação. Porque, no final das contas, a verdadeira função de um líder é criar um ambiente onde as pessoas não apenas queiram trabalhar, mas onde queiram e possam contribuir com o melhor de suas habilidades.

Como as pessoas desejam ser tratadas, inclusive você

Antes de tudo, precisamos compreender uma coisa: qualquer empresa ou instituição é composta de pessoas, aqui ou em qualquer lugar do planeta. Logo, se você aprender a lidar com gente, você aprende sobre negócios. Esse princípio fundamental serve como base para qualquer estratégia empresarial bem-sucedida. Na essência dos negócios estão as relações humanas que movem processos, inovações e, acima de tudo, a cultura organizacional.

O entendimento profundo das dinâmicas humanas no ambiente de trabalho permite que gestores e líderes desenvolvam estratégias mais eficazes para o engajamento de equipes. Quando as lideranças compreendem que por trás de cada função e descrição de cargo há uma pessoa com expectativas, ansiedades e motivações, elas começam a construir uma empresa que opera em função de metas financeiras mas que também valoriza e desenvolve seu capital humano.

Ademais, tratar colaboradores como meros recursos é um erro estratégico que muitas empresas cometem. Colaboradores que se sentem valorizados e compreendidos tendem a demonstrar maior comprometimento e produtividade. A prática de ouvir ativamente, oferecer feedback construtivo e desenvolver um ambiente de trabalho positivo não são apenas ações de gestão de pessoas, mas também estratégias que afetam de maneira direta o sucesso da empresa.

Entender que negócios são feitos de pessoas é reconhecer que a base de qualquer operação comercial bem-sucedida é a capacidade de construir e manter relacionamentos saudáveis e produtivos. Isso requer uma mudança de mindset em muitas organizações: de ver colaboradores como partes interessadas ativas, cujas vozes e bem-estar são cruciais para o crescimento sustentável e a inovação contínua do negócio. Com essa abordagem, líderes constroem empresas melhores e cultivam comunidades mais fortes dentro e fora de seus muros corporativos.

Introdução: Babá de gente grande ou equipe engajada

Quando me propus a escrever este livro, ao começar o primeiro esboço, uma memória muito especial veio à minha mente. Era um período de grande expectativa e alegria em minha vida, pois minha esposa e eu estávamos à espera do nascimento de nossa primeira filha. Durante esse tempo, recebi de um grande mentor que tive um presente que se tornaria uma leitura fundamental para mim: o livro *As sete necessidades básicas da criança*,[2] de John Drescher.

Esse livro, além de me preparar para a paternidade, ofereceu-me insights profundos sobre as necessidades humanas básicas desde a infância. A leitura me fez refletir como essas necessidades evoluem e se desenvolvem, mas não desaparecem à medida que crescemos e entramos no mundo adulto, sobretudo no ambiente profissional. Assim, sua essência, que originalmente visava entender e atender às necessidades das crianças, transformou-se em uma metáfora perfeita para abordar a gestão de equipes no ambiente corporativo.

Decidi então que, da mesma forma que um pai atento busca compreender e atender às necessidades do filho para garantir seu desenvolvimento saudável e feliz, um líder eficaz deve fazer o mesmo com sua equipe. Assim, a obra de Drescher se tornou uma inspiração para contextualizar o início do meu próprio livro, orientando-me a explorar como as necessidades fundamentais dos indivíduos em uma equipe podem ser identificadas e satisfeitas para fomentar um ambiente de trabalho onde engajamento e produtividade floresçam.

As necessidades fundamentais de uma equipe: lições das 7 necessidades básicas da criança

Veja a seguir como essas necessidades se aplicam no contexto de gestão de equipes, fornecendo aos líderes insights para cultivar um ambiente de trabalho saudável e produtivo.

- **Necessidade de segurança:** assim como as crianças, os colaboradores precisam sentir segurança no ambiente de trabalho. Isso não se limita apenas aos aspectos físicos, mas abrange também os emocionais. Um

---

[2] DRESCHER, J. **As sete necessidades básicas da criança**. São Paulo: Mundo Cristão, 2013.

ambiente onde os membros da equipe sintam que podem expressar suas ideias e preocupações sem medo de retaliação é indispensável para fomentar a inovação e a cooperação.

- **Necessidade de aprovação afirmativa e elogio:** assim como na infância, o elogio e a aprovação são fundamentais para motivar e reforçar comportamentos positivos nas equipes. Líderes eficazes reconhecem e celebram as conquistas de seus colaboradores, o que estimula a autoestima e a continuidade do bom desempenho.
- **Necessidade de respeito e aceitação:** colaboradores devem sentir que são respeitados e aceitos por quem são, independentemente de suas posições na hierarquia da empresa. Um ambiente de trabalho que valoriza a diversidade e promove a inclusão aumenta a satisfação e o comprometimento dos membros da equipe.
- **Necessidade de audiência apropriada:** ter a atenção de lideranças quando se fala é tão importante para adultos quanto para crianças. Líderes devem praticar a escuta ativa, e as empresas devem prover fóruns adequados para ouvir a equipe. Isso demonstra aos membros que suas vozes são ouvidas e suas contribuições são valorizadas.
- **Necessidade de disciplina adequada:** em gestão de equipes, assim como deve ser com os pequenos, disciplina não é significado de punição, mas de limites claros e expectativas bem-estabelecidas. Disciplina e feedback construtivo ajudam os colaboradores a entender como suas ações se alinham com os objetivos da equipe e o que podem melhorar.
- **Necessidade de estrutura:** assim como as crianças se beneficiam de uma rotina previsível, os colaboradores se desempenham melhor quando há clareza de processos e expectativas. Uma estrutura clara reduz a ansiedade e permite a todos saber como contribuir efetivamente para os objetivos comuns.
- **Necessidade de fantasia:** no contexto corporativo, essa necessidade se traduz na capacidade de sonhar, contar histórias e inovar. Oferecer espaço para criatividade permite que colaboradores explorem novas ideias e soluções, movimento essencial para a adaptação e o crescimento da empresa no mercado competitivo.

Essas necessidades formam a base para um desenvolvimento saudável e equilibrado, apoiando as crianças na construção de suas capacidades de enfrentar desafios futuros.

Líderes que se preocupam em suprir essas necessidades em suas equipes estão mais bem equipados para desenvolver um ambiente de trabalho resiliente e adaptativo, propício para enfrentar os desafios do mundo corporativo moderno.

Com essas sete necessidades em mente, chegou o momento de deixar de lado seu papel de babá de gente grande e ativar o engajamento de seu time. Vamos juntos?

COLABORADORES QUE SE SENTEM VALORIZADOS E COMPREENDIDOS TENDEM A DEMONSTRAR MAIOR COMPROMETIMENTO E PRODUTIVIDADE.

NÃO SEJA BABÁ DE GENTE GRANDE
@FABIANOZANZIN

1

ENGAJE SEU TIME E PRODUZA QUATRO VEZES MAIS!

Engajamento de equipe: realidade ou sonho?

Quando falamos sobre engajamento de equipe, estamos indo além da ideia de que todo mundo está feliz no trabalho. Significa algo mais: sentir conexão real e profunda com a empresa ou equipe, com o que ela representa e os objetivos que ela persegue. Imagine que o engajamento é como ter todos remando em sincronia na mesma direção, não só porque precisam, mas porque realmente querem ver o barco avançar.

Engajamento é quando você acorda de manhã e pensa: *Sim, eu tenho um propósito no meu trabalho. Eu faço parte de algo maior e meu esforço faz a diferença.* É essa energia e paixão que fazem você se dedicar mais, encontrar novas soluções e se sentir parte integrante do sucesso da empresa.

Os membros da equipe engajada não estão apenas passando pela organização de maneira temporária; eles estão ativos, energizados e focados, totalmente imersos no que estão fazendo e às vezes até perdem a noção do tempo porque estão realmente envolvidos em suas tarefas e objetivos. E não é só fazer o mínimo necessário; é ir além, inovar, mostrar iniciativa e contribuir para grandes conquistas.

Mas lembre-se, engajamento não acontece do nada. É influenciado por vários fatores, como a maneira como os líderes agem, como as informações são compartilhadas, as chances de crescer na carreira, o reconhecimento dos esforços e a cultura de gestão da empresa. Quando tudo isso está alinhado, cria-se um ambiente saudável e inspirador onde todos podem se dar bem e crescer – e esse é um solo fértil para o engajamento florescer.

O engajamento também varia, podendo mudar de tempos em tempos ou ser diferente de uma equipe para outra na mesma empresa. Então, é algo que precisa ser constantemente calibrado para manter todos motivados e no caminho certo. Funcionários engajados são mais produtivos, criativos e dispostos a dar aquele gás extra.

A complexidade do engajamento

Você já deve ter percebido que entender o engajamento é como desvendar um quebra-cabeça complexo, em que cada peça tem o próprio lugar e significado. O engajamento é aquela sensação mais profunda de pertencer, de estar totalmente imerso e conectado com seu trabalho, sentindo que cada dia no escritório faz parte de uma jornada maior, não apenas uma sequência de tarefas.

Pense assim: você não está no trabalho para bater ponto, e sim porque acredita no que está fazendo. Você vê valor em seu trabalho, percebe que suas contribuições são essenciais para o grande esquema das coisas e sente que sua voz é ouvida e respeitada. Isto é engajamento: uma relação recíproca na qual você se compromete com sua empresa e, em retorno, encontra significado e realização.

A verdadeira complexidade do engajamento está nas camadas. Não é só o dinheiro no final do mês – embora ele seja uma das coisas importantes, vamos ser sinceros –, mas também o conteúdo do trabalho, as pessoas ao seu lado, o reconhecimento recebido e as chances oferecidas para crescer e evoluir. É um sentimento que floresce em um ambiente onde você se sente desafiado de maneira positiva, aprendendo e crescendo constantemente.

O engajamento também é um camaleão, mudando de cor conforme o ambiente e as circunstâncias. O que o motiva hoje pode não ser o mesmo amanhã, e o que funciona para um colega pode não ser interessante para você. Por isso, as empresas precisam manter o radar ligado, adaptando-se e evoluindo para manter esse sentimento em alta.

E não esqueça: líderes são os maestros desse concerto, guiando a equipe por altos e baixos, mantendo todos em harmonia para que o engajamento não seja momentâneo, e sim uma constante melodia de fundo na vida profissional de todos. É o coração pulsante de uma organização vibrante, onde cada um se reconhece como parte vital do todo.

Engajamento não é apenas bom para as pessoas; é ótimo para os negócios

Quando falamos sobre o sucesso de uma empresa ou instituição, muitas vezes pensamos em números, estratégias e planos de negócios. E no centro de tudo isso estão as pessoas. É aí que o engajamento de equipe entra em cena como um verdadeiro divisor de águas. Vou lhe contar o porquê.

Primeiro, vamos encarar os fatos: equipes engajadas resultam em melhor performance. Não é só papo, é realidade. Quando as pessoas estão engajadas, elas se importam mais, trabalham melhor e são mais produtivas. Elas não só fazem o trabalho; elas superam as expectativas, porque se sentem parte de algo maior.

Mas não para por aí. O engajamento também reduz a rotatividade de funcionários. Pense nisto: se você está realmente comprometido e satisfeito com seu trabalho, por que iria querer sair? Empresas com alta taxa de engajamento veem menos gente batendo a porta na saída, o que significa economizar nos custos de contratação e treinamento e manter aquela expertise valiosa dentro de casa.

Além disso, equipes engajadas criam um ambiente positivo que se traduz em melhor satisfação do cliente. Quando os funcionários estão felizes e engajados, isso se reflete na qualidade do serviço e no atendimento ao cliente. Os clientes percebem e reagem a isso, resultando em maior lealdade e, claro, melhores resultados financeiros para a empresa.

E não vamos esquecer a inovação. Equipes engajadas são mais propensas a pensar fora da caixa, trazer novas ideias e impulsionar melhorias. Elas não têm medo de questionar o *status quo* e procurar formas de melhorar as coisas. Isso mantém a empresa à frente no jogo, sempre se renovando e evoluindo.

Então, olhando o quadro inteiro, fica claro que o engajamento de equipe é mais do que um termo bonito; é uma peça fundamental do quebra-cabeça para o sucesso empresarial. Ele impulsiona a performance, retém talentos, satisfaz clientes e fomenta a inovação. O engajamento é bom para as pessoas e ótimo para os negócios.

Agora, aqui vão algumas perguntas para você refletir:

1. **Quanto está custando para sua empresa ou organização a falta de engajamento?** Já parou para calcular o impacto financeiro que o desânimo dos funcionários está causando, seja em termos de produtividade perdida, vendas abaixo do real potencial, erros em alta ou oportunidades de mercado desperdiçadas?

2. **Será que seus clientes percebem a falta de engajamento?** Avalie como a falta de engajamento dos funcionários pode estar afetando a experiência do cliente.

3. **Qual é o custo da rotatividade em sua organização?** Reflita sobre quanto dinheiro e tempo sua empresa está investindo para substituir funcionários que saem em consequência da falta de engajamento, quanto dinheiro e energia você gasta para treinar funcionários novos e quanta performance foi desperdiçada em razão dessa troca.

4. **Você está perdendo talentos valiosos que poderiam ser a chave para o futuro sucesso de sua empresa?** Pense: a equipe avaliou e entrevistou diversos candidatos, geralmente mais de uma vez, selecionou o perfil que mais se adequava à função, contratou, treinou, repassou processos... e pouco tempo depois a pessoa ideal vai embora – pior, muitas vezes para a concorrência – e você tem de começar tudo de novo com chances de não encontrar novos bons candidatos.

Essas perguntas servem para incitar uma avaliação crítica sobre como o engajamento de equipe está sendo gerenciado em sua organização e o impacto que isso tem em seu resultado. Pense nisso.

Visão geral dos benefícios de uma equipe engajada

Imagine uma equipe em que cada membro entende seus objetivos individuais e coletivos e está genuinamente comprometido em alcançá-los. Os benefícios de ter uma equipe assim são enormes e bem documentados em várias pesquisas. Vejamos alguns números e fatos que destacam essas vantagens, com atenção às datas para entender o contexto temporal desses achados.

Nos últimos dezoito anos à frente do Instituto Brasileiro de Gestão e Liderança (IBGL Brasil), vivenciei experiências que reforçam a convicção de que uma equipe engajada é capaz de superar desafios e construir resultados notáveis. Em cada organização que adentramos, nossa abordagem é clara: implantar uma metodologia centrada em execução e produtividade, aproveitando os recursos já disponíveis na empresa.

A filosofia que seguimos é simples, mas poderosa: gerar crescimento de dentro para fora, ou seja, da porta da empresa para dentro. E os números falam por si: em nossas intervenções, 68% das empresas alcançam os resultados desejados já no primeiro ciclo de metas, que pode variar de seis a doze meses. Além disso, registramos uma média de crescimento em produtividade, vendas ou lucro líquido de 30% nos últimos quatro anos.

Esses dados demonstram o impacto significativo de nossas metodologias e sublinham a capacidade intrínseca das equipes de performar além das expectativas quando devidamente engajadas e orientadas. Isso nos leva a uma reflexão crucial: quanto você acredita que existiria de performance potencial em seu negócio, da porta para dentro, se sua equipe executasse com maestria até mesmo apenas o básico? Eu respondo: no mínimo 30%. Esse é o verdadeiro poder do engajamento.

De acordo com uma pesquisa da Gallup realizada em 2024,[3] organizações com alto engajamento reportam 23% mais rentabilidade em comparação com aquelas com baixo engajamento. Essas empresas não estão apenas conseguindo mais com menos; elas estão maximizando o potencial de cada funcionário.

No quesito retenção, o impacto é igualmente impressionante. Dados também da Gallup indicam que unidades de negócios com engajamento

---

[3] STATE of the global workplace: 2024 Report. **Gallup**, California, 2025. Disponível em: https://www.gallup.com/workplace/349484/state-of-the-global-workplace. aspx. Acesso em: 1 out. 2024.

elevado observam 59% menos rotatividade.[4] Isso é crucial, sobretudo em setores com alta demanda por talentos especializados, onde a perda de funcionários-chave pode significar atrasos significativos e custos adicionais com recrutamento e treinamento.

E a inovação? Empresas com equipes engajadas são ninhos de inovação. Em pesquisas conduzidas em 2019, foi reportado um aumento significativo na capacidade de inovar em razão do envolvimento ativo e criativo dos funcionários. Essa atmosfera fomenta um terreno fértil para novas ideias e soluções inovadoras, essenciais para a sobrevivência e o crescimento no mercado competitivo atual.

Além disso, o engajamento tem um papel importantíssimo na satisfação do cliente. Organizações com funcionários engajados registram melhorias em avaliações de satisfação do cliente, de acordo com estudos da *Forbes* em 2018.[5] Quando os funcionários estão engajados e investidos em seu trabalho, isso se reflete na qualidade do serviço e na interação com os clientes, levando a experiências mais positivas e à fidelização.

Esses números não são apenas estatísticas frias; eles representam histórias reais de sucesso, crescimento e transformação nas organizações. Por trás de cada percentual, há equipes que superaram desafios, inovaram e impulsionaram seus negócios para novos patamares.

Percebemos, portanto, que o engajamento da equipe vai além do bem-estar dos funcionários. Ele se traduz em resultados tangíveis para a empresa, como maior produtividade, retenção de talentos, inovação constante e satisfação do cliente. Esses benefícios formam uma cadeia que sustenta e impulsiona o sucesso empresarial de maneira sustentável.

---

[4] INDICATORS: Employee retention & atraction. **Gallup**, California, 2025. Disponível em: https://www.gallup.com/467702/indicator-employee-retention-attraction.aspx. Acesso em: 1 out. 2024.

[5] MCGRATH, M.; GENSLER, L; SHARF, S. Tratar bem o funcionário melhora desempenho da empresa. **Forbes**, São Paulo, 2 jun. 2018. Disponível em: https://forbes.com.br/negocios/2018/06/tratar-bem-funcionario-melhora-desempenho-da-empresa. Acesso em: 1 out. 2024.

A transformação de João

Quero lhe apresentar o caso do João: ele trabalhava como desenvolvedor de software em uma empresa de tecnologia emergente. Inicialmente, ele cumpria suas obrigações sem muita paixão e entusiasmo, vivendo o ciclo típico de "trabalhar para viver". Sua transformação começou quando a liderança da empresa decidiu mudar radicalmente o foco do engajamento da equipe.

A mudança foi impulsionada pela nova CEO da empresa, Marina, que trouxe uma visão fresca e compromisso com a cultura organizacional. Ela reconheceu que o engajamento dos funcionários era a chave para impulsionar a inovação e a produtividade. As atitudes tomadas pela CEO que transformaram João e a empresa incluíram:

- **Feedback contínuo:** Marina implementou sessões de feedback regulares, momentos em que todos podiam discutir abertamente suas ideias, preocupações e experiências de trabalho. Isso criou um canal de comunicação aberto, fazendo com que João se sentisse ouvido e valorizado.

- **Desenvolvimento profissional:** a empresa passou a oferecer programas de treinamento e desenvolvimento para ajudar os funcionários a aprimorar suas habilidades e avançar na carreira. João teve a oportunidade de participar de workshops e cursos que ampliaram sua expertise técnica e suas habilidades de liderança.

- **Reconhecimento e recompensa:** Marina fez questão de reconhecer e recompensar os esforços e as conquistas dos funcionários. Quando João completou um projeto desafiador, foi elogiado em uma reunião e recebeu um bônus. Isso não apenas elevou sua moral mas também o motivou a continuar contribuindo ativamente para o sucesso da empresa.

- **Projetos inovadores:** sob a liderança de Marina, a empresa incentivou os funcionários a trabalharem em projetos inovadores que desafiavam o *status quo*. João se envolveu em uma equipe multidisciplinar que trabalhava em uma solução, o que acendeu sua paixão pela inovação e criatividade.

- **Cultura de gestão compartilhada:** Marina promoveu uma cultura de colaboração, em que as equipes eram encorajadas a compartilhar conhecimentos e recursos. Isso ajudou João a se sentir parte de uma comunidade unida, fortalecendo seu senso de pertencimento e comprometimento com a empresa.

Por meio dessas atitudes, Marina não apenas transformou a trajetória de João na empresa, mas também criou um ambiente onde o engajamento e a motivação floresceram. João evoluiu de um funcionário que apenas "cumpria horário" para um membro vital no negócio. Essa é uma história real, embora a empresa e os personagens foram modificados, e ilustra como o engajamento pode ressaltar em melhorias significativas tanto para os indivíduos quanto para a organização.

Investir em engajamento é desafiador, mas fundamental para o sucesso

É evidente que investir na cultura de engajamento não só é lucrativo, como também uma necessidade incontornável no mundo empresarial contemporâneo. A jornada para fomentar um ambiente de trabalho onde o engajamento floresça é complexa, desafiadora e longe de ser um processo rápido ou romântico. Requer dedicação, estratégia e, acima de tudo, um comprometimento contínuo com o desenvolvimento e o bem-estar dos funcionários.

Essa transformação não é rápida. Mudar a cultura de uma organização e construir um ambiente genuinamente engajador leva tempo, paciência e persistência. Requer uma abordagem sistemática e estratégica, acompanhada de uma avaliação contínua para ajustar e otimizar os processos conforme necessário.

Nos próximos capítulos, nos aprofundaremos em como você pode construir essa cultura essencial. Vou oferecer um passo a passo repleto de estratégias comprovadas, insights práticos e exemplos reais, para que você possa, além de entender o valor do engajamento, também aplicar esses conceitos de maneira efetiva em seu dia a dia. Prepare-se para embarcar em uma jornada transformadora que vai revitalizar sua empresa e colocá-la em um caminho de sucesso duradouro e significativo.

O ENGAJAMENTO DE EQUIPE É MAIS DO QUE UM TERMO BONITO; É UMA PEÇA FUNDAMENTAL DO QUEBRA-CABEÇA PARA O SUCESSO EMPRESARIAL.

NÃO SEJA BABÁ DE GENTE GRANDE
@FABIANOZANZIN

2

CULTURA DE GESTÃO E SEU IMPACTO DIRETO NO ENGAJAMENTO DA EQUIPE

Cultura de gestão é como as coisas são feitas na empresa.

Quando o tema é transformar o engajamento de pessoas ou equipes, muitos imediatamente pensam em um arsenal de técnicas e estratégias persuasivas. Porém, é fundamental entender que o verdadeiro engajamento é resultado de um ambiente propício para isso; um ambiente cuidadosamente cultivado por meio de uma cultura de gestão sólida e bem estruturada.

A cultura de gestão de uma empresa é o conjunto de valores, práticas, comportamentos e expectativas que direcionam e influenciam o modo como os trabalhos são realizados e como as pessoas interagem entre si e com a organização. Essa cultura é a base sobre a qual tudo mais se constrói; ela molda a experiência dos funcionários, afeta sua motivação e, consequentemente, seu engajamento.

Engajamento não é, portanto, algo que se impõe ou se instala por meio de simples incentivos ou de políticas isoladas. É o resultado natural de um ambiente de trabalho que encoraja a participação, valoriza as contribuições individuais e coletivas e alinha os objetivos pessoais aos empresariais. Em uma cultura de gestão bem desenvolvida, os funcionários compreendem claramente o que é esperado deles e veem o impacto de seu trabalho no sucesso da empresa, sentindo-se parte integrante e essencial desse sucesso.

Os valores na construção da cultura organizacional

Definir os valores de uma empresa vai muito além de apenas estabelecer um conjunto de normas éticas idealizadas. Esses valores, quando genuinamente incorporados, tornam-se a espinha dorsal da cultura de gestão da organização, influenciando desde as operações diárias até as estratégias de longo prazo.

Os valores não são apenas palavras bonitas impressas em um banner na recepção ou citadas em discursos corporativos. Eles são, de fato, os princípios orientadores que determinam a maneira como a empresa opera em seu dia a dia. Isso inclui desde como os funcionários interagem entre si até como a empresa se posiciona no mercado e se relaciona com clientes, fornecedores e a comunidade em geral.

Na prática, os valores da empresa determinam quem você contrata e por quê. Eles são a bússola para o recrutamento, ajudando a garantir que novos colaboradores não apenas tenham as habilidades necessárias mas também se alinhem culturalmente com o que a empresa defende. Além disso, esses valores norteiam decisões difíceis, como demissões, e garantem que medidas sejam tomadas com justiça e em alinhamento com os princípios da empresa.

Os valores também determinam como a empresa realiza seus negócios. Uma empresa que valoriza a transparência comunica isso claramente e a pratica em todas as suas transações e interações. Da mesma forma, se a inovação é um valor, ela será incentivada e refletida em uma busca constante por melhorias e novas ideias.

No entanto, é fundamental também entender o que os valores de uma empresa não são. Eles não são uma tentativa de mascarar a realidade corporativa com palavras motivacionais ou uma maneira de impressionar stakeholders sem uma aplicação real no cotidiano da empresa. Valores que são apenas falados, mas não praticados, resultam em desconfiança e cinismo entre os funcionários e clientes.

É por isso que um dos exercícios mais valiosos que realizo com as empresas é a sessão de revisitação e definição de valores com a participação de todos os níveis da empresa. Esse processo inclusivo não apenas garante que os valores reflitam a realidade e as aspirações de todos na organização, mas também fortalece o compromisso de cada membro da empresa com esses princípios.

Durante essas sessões, limitamos a definição a no máximo sete atributos essenciais para evitar a diluição do foco. Cada valor escolhido deve ser claro, mensurável e profundamente enraizado nas operações diárias da empresa. Eles devem servir como critérios claros para todas as decisões estratégicas e operacionais, garantindo que cada aspecto do negócio esteja alinhado com esses princípios.

Ao definir ou revisitar os valores de sua empresa, considere-os verdadeiros pilares da cultura organizacional. Eles devem ser vividos e respirados por todos, desde a liderança até o último recém-chegado, garantindo que a empresa os viva autenticamente todos os dias. Essa é a verdadeira essência de uma cultura de gestão robusta e sustentável.

Avaliando a cultura de gestão

Antes de mergulharmos na avaliação da cultura organizacional, é importante entender o que constitui essa cultura. Edgar Schein, um dos principais teóricos da cultura organizacional, a define como:

> (...) *um conjunto de pressupostos básicos compartilhados que um grupo inventou, descobriu ou desenvolveu ao aprender como lidar com os problemas de adaptação externa e integração interna. Esses pressupostos, que funcionam bem o suficiente para serem considerados válidos, são ensinados aos novos membros como a maneira correta de perceber, pensar e sentir em relação a esses problemas.*[6]

A cultura de gestão envolve mais do que apenas as políticas e práticas explícitas de uma empresa; ela engloba as crenças, os valores e as

---

[6] SHEIN, E. **Organizational culture and leadership**. São Francisco: Jossey Bass Publications, 1989. Tradução nossa.

normas subjacentes que influenciam como as pessoas se comportam na organização.

Carolyn Taylor, autora e especialista em cultura organizacional, reforça esse ponto ao discutir como "a cultura é o 'modo de operação' invisível de uma organização, profundamente enraizado em suas rotinas diárias e comportamentos".[7] Ela argumenta que, para realmente entender e, em consequência, melhorar a cultura de uma organização, os líderes devem se aprofundar além das camadas superficiais das declarações de missão e valores corporativos, atingindo o cerne das interações diárias e das atitudes dos funcionários.

Assim, ao avaliar o estado atual da cultura organizacional, estamos nos aprofundando no coração da empresa para entender não apenas o que as pessoas fazem, mas por que elas fazem isso. Estamos buscando descobrir as crenças subjacentes e os valores que orientam as decisões e ações dos funcionários, bem como os sistemas e as estruturas que as sustentam. É um processo de descobrir como os membros da organização interagem uns com os outros, como eles enfrentam desafios e como eles se alinham com os objetivos da empresa.

A cultura de gestão não é apenas um aspecto da operação empresarial; ela é o grande diferencial competitivo das empresas. No mercado global de hoje, onde produtos e serviços se tornam rapidamente comoditizados, a cultura de uma empresa pode ser o fator que a destaca de seus concorrentes. Ela influencia tudo, desde a inovação e eficiência até a satisfação do cliente e a retenção de funcionários. Empresas com culturas fortes e positivas tendem a atrair e reter talentos, incentivar a lealdade dos clientes e se adaptar mais rapidamente às mudanças do mercado, o que, em última análise, as conduz ao sucesso sustentável.

---

[7] TAYLOR, C. **Walking the talk**: a cultura através do exemplo. São Paulo: Labrador, 2022.

Jim Collins, em seu livro seminal *Empresas feitas para vencer*,[8] aborda a ideia de que a grandeza empresarial não é apenas uma questão de estratégia ou tecnologia, mas também de cultura. Ele argumenta que as empresas que prevalecem no longo prazo são aquelas que cultivam culturas disciplinadas, orientadas para alcançar a excelência operacional e nutrir valores e um propósito coletivo. Essas organizações entendem que a cultura é a cola que mantém todos juntos, impulsionando-os através de tempos de turbulência e mudança.

A cultura de gestão é sustentada por três elementos fundamentais: símbolos, sistemas e comportamentos. Os símbolos representam as manifestações visíveis da cultura de uma organização, incluindo sua linguagem, rituais e tradições, logotipos e a estética do ambiente de trabalho. Eles são as expressões tangíveis que refletem e reforçam os valores e as crenças subjacentes da empresa.

Os sistemas, por sua vez, referem-se à estrutura e aos processos organizacionais que moldam e dirigem as atividades diárias. Isso inclui as políticas de RH, como o orçamento é alocado, os procedimentos operacionais, os mecanismos de tomada de decisão e as estratégias de comunicação. Esses sistemas facilitam a execução das tarefas e também encorajam certos tipos de comportamento e desencorajam outros, servindo como um guia para a ação na organização.

O comportamento, o terceiro pilar, é o reflexo direto da cultura na prática diária. Trata-se de como os líderes e os funcionários agem e interagem, como as decisões são tomadas e como os problemas são resolvidos. O comportamento é o resultado de símbolos e sistemas internalizados, demonstrando a verdadeira essência da cultura organizacional por meio das ações das pessoas.

---

[8] COLLINS, J. **Empresas feitas para vencer**: por que algumas empresas alcançam a excelência... e outras não. São Paulo: Alta Books, 2018.

COMPORTAMENTO

- Qual é o exemplo a ser seguido?
- Relação entre fala *vs.* ação.
- Reuniões, e-mails, telefonemas, interações com os outros.

TRÍADE DA CULTURA DE GESTÃO

SISTEMAS

- Planejamento e orçamento.
- Avaliação de performance.
- Plano de recompensas.
- Medições, relatórios e aprendizados.
- Estruturas.

SÍMBOLOS

- Como o orçamento é alocado.
- Como o tempo é gasto.
- Promoção e saída de pessoas.
- Rituais e histórias contadas.
- Escritórios, estacionamento, títulos.
- Logotipos e marca.

Por fim, é indispensável reconhecer que não existe uma única empresa no mundo sem cultura de gestão. Mesmo que não intencionalmente moldada ou gerenciada, a cultura existe e exerce um impacto significativo sobre o comportamento dos funcionários e o desempenho da organização. Ignorar a cultura de gestão não é uma opção; quando não gerenciada proativamente, ela ainda moldará o ambiente de trabalho, muitas vezes de maneira tóxica para os objetivos da empresa. Portanto, líderes e gestores precisam entender e moldar proativamente os símbolos, sistemas e comportamentos para criar uma cultura que não apenas reflete os valores e objetivos da empresa, mas também promove o engajamento e o sucesso de longo prazo.

Com essa compreensão mais aprofundada dos elementos que constituem a cultura de gestão, vamos, então, explorar como medir e avaliar efetivamente esses componentes na organização, visando identificar forças e oportunidades para desenvolvimento e melhorias.

Tipos de cultura de gestão

A cultura de gestão de uma organização pode assumir várias formas, cada uma com suas características e impactos no ambiente de trabalho e no desempenho organizacional. Vamos explorar cinco tipos principais de cultura de gestão: poder, tarefas, inovação, foco em resultados e metas e pessoas.

38 Não seja babá de gente grande

Tipo de cultura	Características	Impactos
Cultura de poder	• Centralizada na autoridade e no controle. • Decisões tomadas por indivíduos ou grupos no poder. • Hierarquia clara e linhas de comando rígidas.	• Tomada de decisão rápida e eficaz. • Limita a participação dos funcionários e pode inibir a inovação.
Cultura de tarefas	• Focada em projetos e objetivos específicos. • Equipes formadas por habilidades e conhecimentos específicos. • Valoriza competência e eficiência.	• Promove flexibilidade e adaptabilidade. • Risco de negligenciar o desenvolvimento de longo prazo e a coesão da equipe.
Cultura de inovação	• Prioriza criatividade e inovação contínua. • Encoraja ao pensamento diferente e desafio ao *status quo*. • Espaços para *brainstorming* e colaboração.	• Acelera o crescimento e a adaptação às novas tendências. • Necessidade de equilíbrio para evitar falta de foco em processos e resultados.
Cultura de foco em resultados e metas	• Orientada para o desempenho e os resultados concretos. • Avaliação e recompensa embasadas em desempenho e objetivos estratégicos.	• Impulsiona a produtividade e eficiência. • Importante gerenciar para não sacrificar a qualidade da produção ou o bem-estar dos funcionários.
Cultura de pessoas	• Centrada no bem-estar e no desenvolvimento dos funcionários. • Ambiente de trabalho saudável e relações interpessoais positivas. • Oportunidades de crescimento.	• Promove a lealdade e o comprometimento dos funcionários. • Necessário equilibrar para garantir que os objetivos de negócios sejam atendidos.

O ponto de partida: medindo a cultura para construir uma rota de engajamento

Iniciar a jornada para uma cultura organizacional poderosa exige entender nosso ponto de partida. A medição da cultura organizacional é vital para traçar um caminho claro rumo ao engajamento efetivo. Nesse contexto, a pesquisa de pulso emerge como uma ferramenta valiosa, capaz de revelar percepções profundas sobre a cultura da empresa e orientar as estratégias de engajamento de maneira eficaz. O termo "pulso" é sugestivo, indicando uma medida instantânea da vitalidade cultural da organização.

Diferentemente das pesquisas tradicionais de engajamento, que são extensas e esporádicas, as pesquisas de pulso são breves, regulares e focalizadas. Elas fornecem feedback imediato sobre as percepções dos funcionários a respeito de seu trabalho e ambiente, possibilitando uma resposta ágil da gestão às necessidades e às tendências emergentes.

De acordo com um estudo realizado pela Gallup em 2021, as pesquisas de pulso potencializam de modo significativo a habilidade das organizações de manter o foco no engajamento dos funcionários e de agir proativamente para aprimorar o ambiente de trabalho.

Exercício prático

Definindo os objetivos da pesquisa

Determine claramente o que você pretende descobrir com a pesquisa de pulso. Seja para avaliar a satisfação geral, entender a percepção sobre a cultura da empresa ou verificar a eficácia da comunicação interna, ter objetivos definidos facilitará a criação de perguntas pertinentes.

Elaborando as perguntas

Desenvolva um questionário conciso, contendo de cinco a dez perguntas que propiciem insights rápidos. Priorize perguntas fechadas para simplificar a análise, mas inclua uma ou duas questões abertas para obter feedback mais detalhado. Sugestões de perguntas incluem:

- Em uma escala de 1 a 5, como você avalia sua satisfação com o trabalho atual?
- Você se sente valorizado(a) pela empresa? (Sim/Não)
- Que mudanças você proporia para melhorar o ambiente de trabalho?

Realizando a pesquisa

Conduza a pesquisa de pulso semestralmente, utilizando plataformas digitais para facilitar o processo de distribuição e coleta das respostas. Garanta a confidencialidade para incentivar respostas sinceras.

Aqui está o exemplo de como uma pesquisa de pulso pode ser estruturada em um quadro sinótico para a aplicação em uma empresa:

A CULTURA DE UMA EMPRESA PODE SER O FATOR QUE A DESTACA DE SEUS CONCORRENTES.

NÃO SEJA BABÁ DE GENTE GRANDE
@FABIANOZANZIN

Pergunta	Tipo de resposta	Objetivo
Em uma escala de 1 a 5, como você avaliaria sua satisfação com seu trabalho atual?	Escala de 1 a 5	Avaliar a satisfação geral dos funcionários com seu trabalho.
Você se sente valorizado(a) pela sua contribuição à equipe?	Sim/Não	Medir o reconhecimento percebido pelos funcionários.
Quão eficazes são os canais de comunicação interna da empresa?	Escala de 1 a 5	Avaliar a eficácia da comunicação interna.
Você tem as ferramentas e os recursos necessários para realizar seu trabalho?	Sim/Não	Determinar se os funcionários têm recursos adequados.
Quais mudanças você gostaria de ver no seu ambiente de trabalho?	Resposta aberta	Identificar áreas específicas para melhorias.

Para uma medição eficaz da cultura com foco em seu impacto no engajamento de seu time, a pesquisa de pulso deve ser meticulosamente desenhada para captar os elementos essenciais da cultura organizacional. As perguntas devem explorar como os valores, as normas e os comportamentos da empresa são percebidos e experienciados pelos colaboradores.

Análise dos resultados

Ao analisar os dados obtidos, é possível identificar pontos fortes e áreas que requerem desenvolvimento na cultura da empresa. Essa análise ajuda a entender como a cultura atual afeta o engajamento dos colaboradores e permite identificar discrepâncias entre a cultura vigente e a desejada – e mais à frente vamos descobrir como construir planos de ações concretos e rotas saudáveis para construir uma cultura poderosa.

Considerações sobre o resultado da pesquisa de pulso ou qualquer outro tipo de pesquisa

Ao analisar os resultados de uma pesquisa de cultura, é crucial abordar os dados com a mentalidade certa. Aqui estão algumas orientações importantes sobre o que não fazer com os resultados, evitando armadilhas comuns que podem minar o propósito da avaliação e prejudicar a cultura de engajamento na organização:

1. Evite a mentalidade de culpa

Um dos erros mais significativos a evitar é usar os resultados da pesquisa para apontar culpados ou responsabilizar indivíduos ou equipes específicas pelos aspectos identificados. Tal abordagem não só cria um ambiente de medo e desconfiança mas também desvia a atenção das soluções construtivas. A pesquisa de pulso é uma ferramenta para entender melhorias coletivas, e não para atribuir culpa.

2. Não ignore os comentários negativos

Pode ser tentador focar apenas os aspectos positivos da pesquisa e ignorar as críticas ou feedbacks negativos. No entanto, fazer isso é perder a oportunidade de crescer e evoluir. Os comentários negativos são tão valiosos quanto os positivos, pois indicam áreas que necessitam de atenção e melhorias. Encare-os como uma oportunidade para o desenvolvimento, e não como uma falha.

3. Resista à tentação de fazer mudanças imediatas e abrangentes

Embora possa parecer produtivo implementar rapidamente mudanças em resposta aos resultados da pesquisa, é importante resistir à tentação de fazer reformas impensadas. Mudanças precipitadas podem causar mais mal do que bem, criando confusão e resistência. Em vez disso, dedique tempo para entender profundamente os dados, planejar estrategicamente e implementar mudanças de maneira gradual e considerada.

4. Evite a complacência

Se os resultados da pesquisa foram majoritariamente positivos, há o risco de cair na complacência e achar que nenhuma ação é necessária. O engajamento e a cultura são dinâmicos e podem mudar com o tempo; portanto, mesmo os resultados positivos devem ser usados como um trampolim para melhorias contínuas, não como um sinal para a inatividade.

Os resultados da pesquisa devem ser usados como uma ferramenta diagnóstica para iluminar o caminho, não como um instrumento para repreensões ou autocongratulação. Abordá-los com uma mentalidade de aprendizado e crescimento garantirá que a organização possa aproveitar ao máximo os insights fornecidos e criar um plano de ação eficaz para fortalecer o engajamento e a cultura organizacional.

Compreendendo as fases da cultura

Neste ponto, é hora de mergulhar fundo na real maturidade da cultura de gestão da sua empresa, usando a pesquisa de pulso como bússola. O objetivo é entender não apenas onde você está, mas também o terreno que precisa preparar para fomentar um engajamento genuíno e duradouro.

Quando você olha para os resultados da sua pesquisa de pulso, está, na verdade, olhando para um espelho da cultura atual da sua organização. Essa reflexão não envolve apenas ver o que está na superfície, mas também entender as camadas mais profundas, as necessidades fundamentais dos seus funcionários que precisam ser atendidas para que qualquer tentativa de engajamento mais profundo seja bem-sucedida.

"Quanto maior o barco, maior a necessidade de enxergar com antecedência."[9]

Fundamentos da cultura organizacional e suas bases higiênicas

A pesquisa de pulso revela muito sobre a cultura atual da organização, mas, para interpretar esses dados corretamente, precisamos considerar os fundamentos das teorias de Herzberg, que fala sobre fatores higiênicos e motivacionais no trabalho: enquanto os higiênicos estão relacionados às condições básicas de trabalho (como salário, ambiente de trabalho e segurança), os motivacionais estão ligados ao que realmente impulsiona o engajamento (como reconhecimento, realização e crescimento pessoal).[10]

Ao avaliar a maturidade da cultura de gestão, é crucial conectar a Teoria dos Dois Fatores de Herzberg com a Pirâmide de Maslow.[11] Essa conexão nos ajuda a entender como as necessidades básicas e os fatores

---

[9] MAXWELL, J. **As 21 irrefutáveis leis da liderança**. Rio de Janeiro: Thomas Nelson Brasil, 2013.

[10] TEORIA de Hezberg: saiba o que é a Teoria dos Dois Fatores. **Salesforce Blog**, São Francisco, 25 nov. 2022. Disponível em: https://www.salesforce.com/br/blog/teoria-de-herzberg. Acesso em: 1 out. 2024.

[11] PIRÂMIDE de Maslow: entenda a hierarquia das necessidades. **Rock Content Blog**, Belo Horizonte, 31 maio 2022. Disponível em: https://rockcontent.com/br/blog/piramide-de-maslow/. Acesso em: 01 out. 2024.

motivacionais interagem para moldar uma cultura organizacional que promove engajamento.

Integração com a Pirâmide de Maslow

Sempre estudamos Maslow no marketing para discutir as motivações das pessoas em um processo de compra, mas podemos correlacionar essa teoria perfeitamente com a cultura de gestão: a mesma pirâmide apresenta uma hierarquia de necessidades, começando pelas básicas, como fisiológicas e de segurança, subindo para as sociais, de estima e, finalmente, de autorrealização. A hierarquia das necessidades básicas de Maslow alinha-se aos fatores higiênicos de Herzberg; ambas devem ser atendidas antes que indivíduos possam se sentir motivados para alcançar níveis mais elevados de satisfação e engajamento.

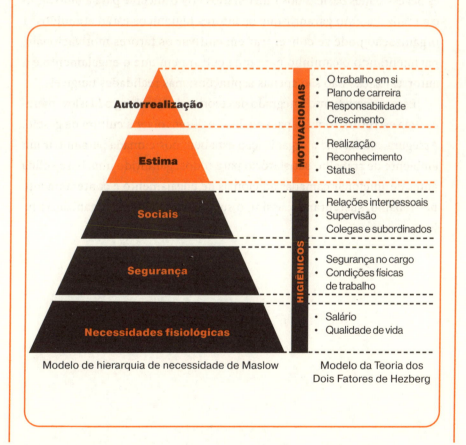

Análise e reflexão sobre a cultura de gestão

Ao refletir sobre a cultura de gestão da sua empresa, considere o modo como as necessidades básicas estão sendo atendidas e como isso afeta o potencial dela de atingir um engajamento mais profundo. Os funcionários estão recebendo não apenas um salário adequado, mas também reconhecimento, segurança e clareza nas suas funções e expectativas, por exemplo?

As pesquisas de pulso podem responder a essas questões e indicar se as necessidades básicas, alinhadas às fases iniciais da Pirâmide de Maslow, estão sendo satisfeitas. Isso é pré-requisito para avançar para os fatores motivacionais e de engajamento mais profundos de Herzberg.

Entender essa interconexão é vital para construir uma cultura de engajamento profundo. A cultura organizacional que respeita e atende às necessidades básicas dos funcionários cria o alicerce para a motivação e a realização. Ao garantir que os fatores higiênicos estão atendidos, a organização pode se concentrar em cultivar os fatores motivacionais, pavimentando o caminho para uma cultura em que o engajamento e a autorrealização não são apenas aspirações, mas realidades tangíveis.

Esse entendimento integrado das teorias de Herzberg e Maslow oferece uma estrutura robusta para analisar e desenvolver a cultura de gestão. Assegura, ainda, que a organização está bem posicionada para nutrir um ambiente de trabalho satisfatório para todos, garantido uma base sólida antes de adicionar camadas adicionais de engajamento e contentamento no trabalho, sustentando, assim, o sucesso e a saúde da organização no longo prazo.

Antes de avançarmos para o próximo capítulo, responda ao teste a seguir atribuindo notas de 1 a 5, sendo 1 muito ruim e 5 excelente:

1. Clareza nos papéis e responsabilidades.

"Os funcionários da minha empresa têm clareza sobre seus papéis e responsabilidades, sabendo exatamente o que é esperado deles e como seu trabalho contribui para os objetivos organizacionais?"

1	2	3	4	5

2. Plano de carreira.

"Minha organização oferece oportunidades claras de desenvolvimento e progressão na carreira, permitindo que os funcionários vejam um futuro promissor e motivador na empresa?"

1	2	3	4	5

3. Salário e concorrência de mercado.

"Os salários e benefícios oferecidos pela minha empresa estão alinhados ou superam as médias do mercado para posições similares, refletindo adequadamente o valor e a contribuição dos funcionários?"

1	2	3	4	5

4. Ambiente de trabalho.

"A organização proporciona um ambiente de trabalho que apoia o bem-estar físico e mental dos funcionários, incentivando um desempenho produtivo e sustentável?"

1	2	3	4	5

5. Segurança no emprego.

"Os funcionários sentem que têm segurança no emprego e confiança na gestão da empresa, contribuindo para um ambiente de trabalho estável e positivo?"

1	2	3	4	5

Após essa autoanálise, você saberá se está na hora de avançar a passos largos rumo a uma cultura madura de engajamento ou se ainda é preciso resolver as questões higiênicas de sua empresa primeiro. De qualquer maneira, continuamos em frente!

NÃO EXISTE UMA ÚNICA EMPRESA NO MUNDO SEM CULTURA DE GESTÃO.

NÃO SEJA BABÁ DE GENTE GRANDE
@FABIANOZANZIN

3

SETE CONCEITOS PARA O ALICERCE DE UMA EQUIPE ENGAJADA

No cerne das organizações que se destacam está a convicção de que todas as pessoas têm o potencial para atingir alta performance, desde que inseridas no contexto adequado. Este capítulo desvenda como a excelência operacional é fruto da simbiose entre indivíduos e o ambiente que os circunda, enfatizando que esse cenário ideal emerge da harmonia entre liderança inspiradora, gerenciamento eficiente, processos bem-estruturados e métodos eficazes.

A metamorfose de um agrupamento de pessoas em um time sinérgico e altamente eficiente representa um desafio complexo, mas também uma oportunidade sem precedentes para líderes visionários. Essa alquimia organizacional requer um habitat onde cada membro se sinta valorizado e apto a expressar plenamente seu potencial. A alta performance é cultivada em um terreno fértil de gestão inclusiva, onde lideranças inspiram, processos habilitam e práticas flexíveis se adaptam para atender tanto às demandas individuais quanto aos objetivos coletivos.

No entanto, é importante reconhecer a natureza fluida e dinâmica de qualquer equipe. A perfeição estática é uma ilusão; as equipes estão em constante evolução, com membros que se deslocam no espectro da performance. Nesse cenário, sempre haverá alguém avançando, ao passo que outro pode estar retrocedendo, alguém partindo e outro chegando. Essa troca contínua e o desenvolvimento ininterrupto de habilidades fazem parte do desafio; é importante compreender que uma equipe jamais ficará pronta e perfeita, ela experimentará momentos de glória e oscilações – o que determinará a constância no topo será a gestão da cultura e da liderança na organização.

A compreensão dessa dinâmica é vital para sustentar um ambiente que não apenas alcança mas também supera suas metas, adaptando-se às inevitáveis mudanças de composição e desempenho da equipe. Aqui, vamos explorar mais como manter e nutrir esse ecossistema vivo, assegurando que a organização prospere no fluxo contínuo de talentos e na incessante busca pela alta performance e engajamento.

Remuneração × Performance

No núcleo de uma força de trabalho altamente engajada está uma política de remuneração estratégica, que não apenas recompensa o desempenho mas também fomenta a motivação e a lealdade. Para construir um time engajado, a remuneração precisa ser vista como uma ferramenta de alinhamento entre as metas individuais e os objetivos organizacionais.

Modelos como Participação nos Lucros e Resultados (PLR) e bônus com base em desempenho exemplificam como esse processo ocorre na prática. Esses modelos incentivam os funcionários a contribuírem para o sucesso da organização, pois há uma conexão direta entre os esforços individuais e coletivos e as recompensas financeiras.

É crucial que a estratégia de remuneração abranja todas as áreas da empresa, assegurando que cada departamento e funcionário esteja envolvido e tenha a oportunidade de contribuir para os objetivos comuns. Isso ajuda a criar uma cultura de unidade e propósito compartilhado, em que todos se sentem parte do sucesso da organização.

No entanto, a remuneração estratégica deve evitar os extremos: não deve ser paternalista ao ponto de gerar uma zona de conforto e premiar a mediocridade. Uma estrutura de remuneração excessivamente generosa para desempenhos medianos pode desencorajar a inovação e o esforço para a melhoria. Por outro lado, as metas de desempenho não devem ser estabelecidas tão altas que se tornem inalcançáveis, pois isso pode ser percebido como injusto e desmotivar até mesmo os funcionários mais dedicados.

A arte da remuneração estratégica reside em encontrar o equilíbrio correto que motiva e desafia os funcionários. Esse equilíbrio assegura que o sistema de remuneração seja visto como justo e motivador, incentivando todos a perseguir a excelência e a contribuir ativamente para o crescimento e sucesso da empresa. Adotando uma abordagem equilibrada e inclusiva para a remuneração estratégica, as organizações podem construir um ambiente de trabalho onde o engajamento e a alta performance não são apenas metas mas também realidades vivenciadas diariamente pela equipe.

Partilhar resultados não é uma escolha: o *case* do Google

No cenário atual, onde a competição por talentos é intensa, simplesmente adotar programas de remuneração com base em desempenho já não é suficiente para se destacar. O Google, ao reconhecer essa realidade em um mercado já familiarizado com essas práticas, foi além ao implementar políticas e estratégias de remuneração inovadoras.

O que diferencia o Google não é apenas a existência de programas de participação nos lucros e bônus, mas a maneira como esses programas são integrados à sua cultura única e à missão corporativa. O Google elevou o padrão ao criar um ambiente onde a remuneração estratégica está intrinsecamente ligada à inovação contínua e ao desenvolvimento pessoal e profissional, conectando a remuneração não apenas aos resultados financeiros mas também ao impacto e à contribuição dos funcionários para o sucesso geral da empresa. Além dos elementos tradicionais como salário, bônus e participação nos lucros, o Google introduziu incentivos que valorizam o pensamento criativo, a colaboração interdepartamental e o avanço tecnológico.

Além disso, o Google foi pioneiro em oferecer uma gama abrangente de benefícios que melhoram a qualidade de vida dos funcionários, como horários flexíveis, ambientes de trabalho inspiradores e acesso a serviços de saúde e bem-estar no local de trabalho. Essa abordagem holística à remuneração e ao bem-estar dos funcionários ajudou a estabelecer a empresa como líder de mercado, não só em termos de inovação tecnológica mas também como um lugar desejável para trabalhar.

Nos últimos catorze anos, temos experienciado no IBGL Brasil a implementação desses programas em uma vasta gama de empresas e entendemos que a estruturação e implementação de um sistema de remuneração estratégico e saudável pode levar até três anos. Esse tempo é necessário para alinhar o programa com os valores culturais da empresa, considerar seu histórico, assim como os fatores externos e internos que influenciam suas operações.

Muitas organizações, na ausência de orientação especializada, acabam desenvolvendo programas de remuneração que não atendem às expectativas ou falham em alcançar seus objetivos, resultando em esforços frustrados. Isso ocorre porque, além do planejamento orçamentário, é preciso considerar profundamente os valores da cultura organizacional, o contexto histórico da empresa e os variados fatores externos e internos. Além disso, é indispensável definir claramente o que se espera alcançar com o programa. No caso do Google, o objetivo era promover a inovação.

O objetivo aqui não é discorrer sobre como implementar um programa completo de remuneração estratégica, isso fica para outro livro, mas ao menos gostaria de propor a você um exercício simples para avaliar sua equipe atual.

Os quatro tipos de funcionário e sua relação remuneração *versus* desempenho

1. **O "gato gordo" tem alta remuneração, mas baixo desempenho.**

   Essa categoria reflete funcionários que, por razões históricas ou negociações anteriores, recebem remuneração elevada sem demonstrar o desempenho correspondente. Esses indivíduos tendem a permanecer em zonas de conforto, mostrando resistência a mudanças e a apresentar melhorias em seu rendimento. Nesses casos, o treinamento não é suficiente para provocar uma mudança significativa, o que torna a demissão uma das únicas medidas possíveis para preservar a integridade da cultura de meritocracia e engajamento na organização.

   Exemplo: um gerente de vendas com uma longa história na empresa e remuneração generosa, cujas equipes consistentemente falham em atingir metas.

2. **O "D ou D" tem baixa remuneração e baixo desempenho.**

   Os funcionários enquadrados nessa categoria apresentam baixo desempenho e são remunerados de modo equivalente. Representam um dilema entre desenvolvimento e desligamento. É fundamental para a empresa reconhecer a necessidade de empregar pessoas que agreguem valor e demonstrem alto desempenho, além de considerar os custos. Quando há potencial não explorado, investimentos em desenvolvimento podem ser justificados. Caso contrário, a demissão pode ser necessária para otimizar a eficácia operacional.

Exemplo: um assistente de marketing que recebe pouco e realiza apenas tarefas básicas, sem mostrar iniciativa ou melhorar suas habilidades para contribuir mais efetivamente.

3. **O "vulnerável a sair" tem alta performance, mas baixa remuneração.** Nesse grupo estão os funcionários cuja performance excede as expectativas, mas cuja remuneração não está alinhada com o mercado. A disparidade salarial pode resultar em insatisfação e aumentar o risco de perda desses profissionais valiosos para a concorrência. Ajustes salariais ou melhorias nas condições de trabalho são imprescindíveis para garantir a retenção desses talentos, reconhecendo e recompensando adequadamente sua contribuição.

Exemplo: um gerente de escritório que otimiza continuamente os processos para economizar custos e melhorar a eficiência, mas não recebe reconhecimento financeiro adequado.

4. **O "ideal" tem alta remuneração e alta performance.** O cenário ideal é representado por funcionários que não só alcançam altos níveis de desempenho mas também recebem remuneração compatível com suas contribuições. Para sustentar e ampliar o engajamento e a produtividade desses talentos, é vital oferecer desafios contínuos, oportunidades de desenvolvimento profissional e reconhecimento consistente. Isso assegura a manutenção da motivação de sua equipe e o seu alinhamento com os objetivos estratégicos da organização.

Exemplo: um engenheiro de software sênior que está na vanguarda da inovação tecnológica, cujo trabalho é essencial para o desenvolvimento de produtos líderes de mercado e que é compensado de acordo com sua valiosa contribuição. Está na hora de desafiá-lo a novos patamares.

Muitos desejam conquistar seus objetivos, mas nem todos querem passar pela dor da conquista.

Engajamento emocional x cumprimento de metas e objetivos
Em uma análise crítica dos extremos na cultura de gestão, observamos dois polos de empresas que, embora pareçam antagônicos, compartilham uma característica comum: o desequilíbrio. De um lado, temos culturas corporativas românticas e, do outro, culturas tóxicas.

A gestão eficaz da cultura organizacional requer uma navegação cuidadosa entre esses extremos, em busca de um equilíbrio entre satisfação e resultado. Acompanhe, a seguir, as características de cada uma.

O romantismo na cultura de gestão
Culturas de gestão românticas são caracterizadas por uma ênfase na paixão pelo trabalho, na celebração de rituais corporativos e na construção de um ambiente emocionalmente gratificante. Essas culturas tendem a

valorizar a experiência e a satisfação no dia a dia do trabalho, criando um local onde as pessoas adoram estar. No entanto, o risco emergente é um possível descuido com a orientação para resultados, em que a empresa se torna um local maravilhoso para trabalhar, mas luta para alcançar o crescimento sustentável, bater metas ou inovar no mesmo ritmo que seus concorrentes. Nesse cenário, o prazer no trabalho pode, paradoxalmente, levar a uma complacência que impede a empresa de alcançar seu pleno potencial. Em outras palavras, trata-se de uma empresa prazerosa para estar, mas que não bate metas e não cresce.

Conheci certa vez uma startup de tecnologia que personificava a cultura romântica em seu extremo. Com espaços de trabalho que mais pareciam lounges de jogos, horários flexíveis e sessões regulares de *brainstorming* regadas a lanches gourmet, a empresa cultiva um ambiente onde todos adoram trabalhar. No entanto, apesar de sua atmosfera vibrante e engajadora, a empresa lutava para manter o foco em objetivos claros e quantificáveis e, principalmente, conseguir pagar as contas. O resultado era uma série de projetos inovadores, mas inacabados, e uma dificuldade em atingir metas financeiras sustentáveis, evidenciando que o excesso de ênfase na satisfação e no bem-estar dos funcionários com intuito de atrair talentos, sem uma direção estratégica clara, estava comprometendo o crescimento e a sobrevivência da empresa.

A toxicidade da cultura da alta performance

No outro lado do espectro, culturas que valorizam exclusivamente o cumprimento de metas e a alta performance a todo custo podem criar ambientes de trabalho muito tóxicos. Tais empresas são frequentemente marcadas por estresse elevado, competição desenfreada e uma pressão constante para atingir resultados, sem consideração adequada pelo bem-estar dos funcionários ou pela ética nos negócios. Enquanto tais ambientes podem inicialmente gerar ganhos impressionantes em termos de desempenho financeiro ou crescimento de mercado, eles são insustentáveis no longo prazo. O esgotamento dos funcionários, a alta rotatividade e o dano à reputação da empresa são consequências comuns nesse tipo de cultura.

Inicialmente, essa abordagem resulta em crescimento rápido e lucros expressivos, aparentando ser um modelo de sucesso. No entanto, com o tempo, essa cultura excessivamente focada em resultados começa a mostrar suas falhas. O desgaste mental dos funcionários torna-se comum, a colaboração e a inovação são sufocadas pela competição interna, e a empresa começa a enfrentar uma rotatividade elevada. A fixação em objetivos de curto prazo, sem considerar o bem-estar, o equilíbrio e o desenvolvimento dos funcionários, culmina em problemas de sustentabilidade organizacional e dificuldades em manter o ritmo e até mesmo o sucesso no longo prazo.

É necessário criar um ambiente que alie a paixão e o prazer de fazer parte da empresa com a determinação e a disciplina para atingir objetivos e crescer. Uma cultura equilibrada promove o engajamento dos funcionários e a realização de metas de maneira sustentável, garantindo que o ambiente de trabalho seja não apenas agradável mas também produtivo e orientado para os resultados. O desafio para os líderes é cultivar um ambiente que honre a paixão e a humanidade dos funcionários ao mesmo tempo que mantém um olhar firme nos objetivos estratégicos e no desempenho da empresa.

Razão e emoção

Assim como o cérebro humano tem os lados racional e emocional, uma organização também apresenta duas dimensões que precisam coexistir harmoniosamente: a emocional e a racional. O lado emocional de uma empresa é representado pelas relações interpessoais, pela cultura organizacional, pelo clima de trabalho e pela ajuda mútua entre os funcionários. Essa dimensão é crucial para a construção de um ambiente de trabalho saudável, onde a confiança, o respeito e o apoio mútuo florescem, criando uma base sólida para a motivação e o engajamento. Quando as equipes se sentem emocionalmente conectadas e apoiadas, elas são mais propensas a colaborar de modo eficaz, compartilhar conhecimento e inovar, superando os desafios juntas.

Em contrapartida, o lado racional da empresa engloba os processos, as estruturas, as metas e os objetivos claros que direcionam as operações e as atividades diárias. Esse aspecto é fundamental para garantir que a organização funcione de maneira eficiente e eficaz, alcançando seus objetivos estratégicos e mantendo a competitividade no mercado. Os processos bem-definidos e as metas claras proporcionam uma direção e um sentido de propósito, permitindo que todos na organização saibam o que é esperado deles e como seu trabalho contribui para o sucesso geral da empresa. Enquanto o lado emocional nutre o espírito e a coesão da equipe, o lado racional assegura que a empresa permaneça focada e produtiva, alcançando seus objetivos de negócios.

O papel da liderança nesse equilíbrio

Líderes eficazes entendem a importância de fomentar tanto a saúde emocional quanto a eficiência operacional dentro da organização. Eles percebem que inspirar e motivar as equipes transcende a mera alocação de tarefas ou a definição de metas; envolve estabelecer um ambiente onde as pessoas se sintam engajadas, compreendidas e parte essencial de um todo maior.

No aspecto emocional, líderes competentes são aqueles que demonstram empatia, boa comunicação e acessibilidade, cultivando uma cultura de abertura, confiança e suporte. Eles são habilidosos em estabelecer relações interpessoais fortes, promovendo um clima de trabalho no qual os funcionários se sentem seguros para expressar suas ideias, compartilhar preocupações e colaborar efetivamente. Esses líderes atuam como mentores, orientando suas equipes através dos desafios, reconhecendo os sucessos e aprendendo com os fracassos. Isso gera um ambiente propício para que o engajamento emocional floresça.

Quando se trata do lado racional, a liderança requer uma abordagem metódica e focada em resultados. Líderes devem definir processos claros, estabelecer metas atingíveis e fornecer os recursos necessários para sua realização. Eles precisam ser estratégicos, analíticos e decisivos, garantindo que a organização não só planeje, mas também execute ações que direcionem ao sucesso do negócio. Esse lado da liderança também implica a habilidade de analisar informações, administrar riscos e ajustar estratégias face às mudanças de mercado ou internas à organização.

A liderança que consegue equilibrar com eficácia os aspectos emocionais e racionais impulsiona a empresa para o sucesso. Ao harmonizar esses dois elementos, reconhece que a excelência na gestão se alcança não pela sobreposição de um aspecto sobre o outro, mas pela habilidade de integrá-los de modo coeso, fomentando um local de trabalho onde motivação, eficácia, inovação e produtividade coexistem e prosperam.

Na prática, equilibrar perfeitamente os aspectos emocional e racional no ambiente empresarial é uma tarefa desafiadora, pois não existe o líder perfeito. Cada um traz as próprias características, experiências e tendências, que naturalmente inclinam sua gestão mais para um lado do que para o outro. Um desequilíbrio extremo, porém, pode resultar em uma cultura de trabalho estressante e desmotivadora, na qual o *turnover* é alto, e a inovação é sufocada. Embora o ideal seja encontrar um equilíbrio entre os aspectos emocional e racional da liderança, na prática, os líderes frequentemente pendem para o lado que mais ressoa com suas próprias competências e visão de mundo, o que torna a implementação de uma gestão perfeitamente equilibrada um desafio diário.

A Teoria dos Bandos

Na tentativa de compreender a dinâmica entre motivação (emoção) e razão (performance) no ambiente de trabalho, eu gosto muito da teoria que categoriza os agrupamentos organizacionais em quatro tipos distintos. O quadro a seguir fornece uma ferramenta visual para entender como as variáveis de emoção e performance interagem, permitindo aos líderes identificar onde sua equipe atual se enquadra e quais estratégias podem ser aplicadas para migrar para o quadrante de "equipe de alta performance".

O primeiro grupo, denominado como "grupo", situa-se no quadrante de alto envolvimento emocional, mas baixa performance. Esse agrupamento é caracterizado por pessoas que compartilham laços emocionais fortes e uma grande paixão pelo trabalho, porém, essas emoções não se traduzem efetivamente em resultados tangíveis. Embora o ambiente possa ser agradável e emocionalmente rico, a falta de foco em metas e objetivos claros o impede de alcançar seu pleno potencial.

Em contraste, no quadrante de baixa emoção e baixa performance, temos o "bando". Esse grupo é marcado pela ausência de envolvimento emocional significativo entre seus membros e por uma performance igualmente baixa. A falta de motivação emocional e a ausência de um direcionamento claro para a performance resultam em um ambiente onde pouca ou nenhuma sinergia é alcançada, e os objetivos organizacionais são frequentemente negligenciados.

O terceiro tipo é a "equipe", localizada no quadrante de alta performance, mas com baixa emoção envolvida. Esse grupo é eficaz na realização de metas e na entrega de resultados, mas o envolvimento emocional e o trabalho em grupo são limitados. Embora as metas possam ser atingidas, a falta de vínculos emocionais fortes pode levar a um ambiente de trabalho mais frio e mecânico, onde a colaboração e o engajamento genuíno são subótimos.

Por fim, no quadrante de alta emoção e alta performance, encontramos a "equipe de alta performance". Esse é o ideal, onde os membros não só alcançam excelentes resultados, mas também compartilham um forte envolvimento emocional. Esse grupo exemplifica o equilíbrio perfeito entre a paixão pelo trabalho e a eficiência na execução de tarefas, criando um ambiente dinâmico em que tanto os objetivos individuais quanto os organizacionais são alcançados com sucesso.

A Teoria dos Bandos não apenas ilustra as diferentes dinâmicas que podem existir dentro de uma organização, mas também destaca a importância de equilibrar a motivação emocional e a performance racional para construir equipes verdadeiramente eficazes e engajadas.

Tão importante quanto definir o destino, é decidir quem vai com você: definindo o perfil de sua equipe

Definir a direção para onde sua empresa ou equipe está se encaminhando é fundamental, mas tão importante quanto isso é escolher cuidadosamente quem vai acompanhá-lo nessa jornada. A formação de uma equipe não é apenas de agrupar indivíduos com as competências técnicas e comportamentais apropriadas; é essencial também considerar o caráter das pessoas que compõem o time. O caráter influencia diretamente a maneira como as atividades são executadas, como os desafios são enfrentados e como a equipe, como um todo, reage diante das adversidades e das oportunidades.

Essa tarefa de montar a equipe ideal é complexa e desafiadora. Muitos líderes, diante das dificuldades em encontrar e integrar as pessoas certas, podem se sentir tentados a seguir sozinhos. A pressão do tempo, a complexidade da gestão de pessoas e os desafios para alinhar as expectativas e os objetivos individuais com os da organização podem desencorajar até os mais determinados líderes. Embora pareça mais simples e rápido avançar isoladamente, essa abordagem limita de maneira significativa o potencial de crescimento e sucesso a longo prazo.

O provérbio "Se quer ir rápido, vá sozinho; se quer ir longe, vá acompanhado"[12] reflete perfeitamente essa realidade no contexto empresarial. Construir algo grande e duradouro requer uma equipe alinhada, coesa e comprometida, na qual cada membro contribui com suas habilidades únicas para alcançar um objetivo comum. O desafio para o líder é, portanto, encontrar esse equilíbrio entre a urgência de avançar rapidamente e a necessidade de construir uma base sólida para o futuro, escolhendo as pessoas certas para essa jornada e que compartilham dos mesmos valores e visão. Assim, a tarefa de definir **quem** vai com você na jornada empresarial é tão crítica quanto determinar **para onde** a empresa está indo, assegurando que o caminho seja percorrido de maneira sustentável e com o potencial para alcançar realizações significativas.

---

[12] PROVÉRBIO AFRICANO. *In*: PENSADOR. Disponível em: https://www.pensador. com/frase/MTY5NzUyNA/. Acesso em: 2 out. 2024.

"Até você se tornar um líder, seu sucesso depende de você mesmo. A partir do momento em que você se torna um líder, seu sucesso depende de sua equipe." Essa é uma frase de John Maxwell, um renomado autor e palestrante na área de liderança, que encapsula a essência da transição de um individualista para um líder que compreende a importância do trabalho em equipe. Quando alguém assume um papel de liderança, a dinâmica do sucesso se transforma radicalmente. Não se trata mais apenas das conquistas pessoais, mas do que a equipe pode realizar coletivamente. O líder se torna tão bom quanto a equipe que ele consegue formar, desenvolver e inspirar.

Não erre na seleção

Recrutamento e seleção são etapas vitais para moldar o futuro de uma organização, e a eficácia desses processos depende não apenas de identificar as competências técnicas mas também de alinhar atributos comportamentais com os valores fundamentais da equipe e do líder da empresa. Antes de mergulhar nas múltiplas técnicas e ferramentas de análise comportamental, é primordial estabelecer os pilares que definem o caráter essencial da cultura organizacional. Esse tópico não se dedica a escolher a melhor ferramenta de recrutamento, mas a destacar princípios poderosos que fundamentam a construção de uma equipe coesa e alinhada.

Para nossos clientes de consultoria, sempre enfatizamos a importância de definir de três a cinco atributos comportamentais intrínsecos que são indispensáveis para qualquer membro que deseje se juntar à equipe. Esses atributos, como resiliência, ética de trabalho, integridade ou empatia, devem ser qualidades inerentes aos indivíduos, algo que eles trazem consigo e que ressoam com os valores da equipe e do líder. Essa abordagem é de extrema importância, pois enquanto habilidades técnicas podem ser desenvolvidas ao longo do tempo, alterar traços comportamentais fundamentais é muito mais complexo e muitas vezes impraticável.

A entrevista deve ser vista como uma oportunidade para explorar a experiência e as habilidades do candidato, mas, além disso, para discernir se suas qualidades inatas estão em harmonia com os valores centrais da empresa. Aqui, a máxima de que "a melhor hora de demitir alguém é na entrevista de emprego" se aplica perfeitamente, pois avançar com candidatos que não refletem os valores essenciais da equipe pode resultar em desalinhamentos prejudiciais no futuro.

Uma vez que os candidatos que têm os atributos comportamentais alinhados aos valores da empresa são identificados, o processo pode então prosseguir para as etapas mais convencionais de avaliação de habilidades e competências técnicas. Essa abordagem não só assegura a contratação de indivíduos que são tecnicamente competentes mas também garante que eles sejam verdadeiramente compatíveis com a cultura e os ideais da empresa, facilitando, assim, a criação de um ambiente de trabalho sinérgico e produtivo.

Âncoras de carreira

Um dos maiores desafios no desenvolvimento de uma equipe de alta performance é, sem dúvida, alocar as pessoas certas nas funções certas. A eficácia com que uma organização consegue corresponder às habilidades e às aspirações de seus membros com as exigências e oportunidades das posições disponíveis pode definir o sucesso ou o fracasso de sua estratégia empresarial.

Compreender as motivações profundas dos colaboradores, aquelas que impulsionam suas decisões de carreira e seu engajamento no trabalho, é fundamental. Nesse contexto, a Teoria das Âncoras de Carreira, desenvolvida por Edgar Schein, um renomado professor do MIT e especialista em cultura organizacional,[13] oferece um modelo valioso para entender as motivações e aspirações profissionais de indivíduos em uma organização. Essa teoria é particularmente útil para gestores e profissionais de RH que buscam alinhar as expectativas e habilidades dos funcionários com as oportunidades e necessidades da empresa.

Schein identifica o conceito de âncora de carreira como um conjunto de competências, motivos e valores de que uma pessoa não deseja abrir mão quando enfrenta escolhas difíceis em sua carreira. É aquela característica que define a essência da identidade profissional de uma pessoa e guia suas decisões de carreira ao longo do tempo.

Existem oito âncoras de carreira identificadas pelo pesquisador, que mostram características mais evidentes de cada tipo de profissional.

---

[13] MARQUES, J. R. Âncoras de carreira e Edgar Schein. **IBC**, Goiânia, 31 maio 2022. Disponível em: https://www.ibccoaching.com.br/portal/coaching-e-psicologia/ancoras-carreira-edgar-schein/. Acesso em: 3 out. 2024.

1. **Competência técnica/funcional:** indivíduos motivados por desafios.
2. **Competência gerencial:** indivíduos motivados por oportunidades de gerenciar.
3. **Segurança/estabilidade:** indivíduos motivados por estabilidade entre carreira e vida pessoal.
4. **Autonomia/independência:** indivíduos motivados por trabalhar sem restrições organizacionais.
5. **Empreendedorismo:** indivíduos motivados pela criação de algo novo.
6. **Serviço/dedicação a uma causa:** indivíduos motivados pelo trabalho em prol de interesses públicos ou sociais.
7. **Desafio puro:** indivíduos motivados pela resolução de desafios aparentemente insuperáveis.
8. **Estilo de vida:** indivíduos motivados por uma carreira que permita equilíbrio entre a vida profissional e a pessoal.

Quando as pessoas estão em funções que respeitam e amplificam suas âncoras de carreira, elas tendem a mostrar maior satisfação e engajamento no trabalho e, consequentemente, maior produtividade. Por exemplo, um colaborador que valoriza a autonomia e a independência pode ser mais adequado para papéis que ofereçam flexibilidade e liberdade criativa, ao passo que alguém cuja âncora seja a competência técnica pode prosperar em um ambiente que valoriza a expertise e o desenvolvimento contínuo de habilidades e talentos específicos.

Esse alinhamento não apenas otimiza o desempenho individual, mas também fortalece a cultura da organização como um todo. Equipes formadas por pessoas que se sentem realizadas e valorizadas em suas posições são mais coesas, resilientes e inovadoras. Além disso, a prática de considerar as âncoras de carreira na formação de equipes demonstra um compromisso organizacional com o desenvolvimento pessoal e profissional dos colaboradores, mas principalmente é muito inteligente, pois pouquíssimas empresas utilizam ou conhecem essa teoria, o que pode ser um diferencial significativo na retenção de talentos. Entender essas âncoras ajuda as organizações a desenvolver políticas de gestão de carreiras mais eficazes, que respeitem e utilizem as motivações intrínsecas dos seus colaboradores.

No quadro a seguir, apresento as características, os pontos fortes e de atenção de cada âncora:

Âncoras de carreira	Características	Pontos fortes	Pontos de atenção
Competência técnica/funcional	Domínio e satisfação com habilidades específicas	Alta especialização, confiabilidade	Limitação na versatilidade
Competência gerencial	Capacidade de gerenciar pessoas e recursos	Liderança, visão estratégica	Pode ignorar detalhes técnicos
Segurança/estabilidade	Busca por segurança no emprego e na carreira	Lealdade, previsibilidade	Resistência à mudança
Autonomia/independência	Necessidade de trabalhar sob os próprios termos	Iniciativa, autodireção	Resistência à supervisão
Criatividade empreendedora	Necessidade de criar ou empreender	Inovação, proatividade	Tolerância ao risco
Dedicação a uma causa	Trabalho alinhado com valores pessoais	Motivação altruísta, compromisso	Menor foco em recompensas materiais
Desafio puro	Busca por constantes desafios e superação de obstáculos	Resiliência, ambição	Pode levar ao *burnout*
Estilo de vida	Equilíbrio entre carreira e vida pessoal	Flexibilidade, harmonia	Conflitos entre vida profissional e pessoal

Gestão por valores: o legado de Jack Welch

Jack Welch (1935-2020), o icônico CEO da General Electric (GE) de 1981 a 2001, é frequentemente citado como um paradigma de liderança e gestão eficaz. Sua jornada à frente da GE é notável por uma série de conquistas e transformações que redefiniram o padrão para a gestão empresarial e deixaram um legado duradouro no mundo dos negócios.

Sob a liderança de Welch, a GE experimentou um crescimento exponencial com o valor de mercado da empresa aumentando de cerca de

14 bilhões de dólares para mais de 400 bilhões ao longo de sua gestão.[14] Welch era conhecido por sua abordagem de gestão centrada na meritocracia, no rigor das avaliações de desempenho e na importância de cultivar uma cultura corporativa na qual a inovação e a excelência fossem a norma.

Uma das contribuições mais significativas de Welch para o mundo corporativo foi a implementação do sistema de avaliação de desempenho conhecido como "vitalidade curva" ou *rank and yank*. Esse sistema classificava os funcionários com base em seu desempenho, recompensando os colaboradores mais eficientes e demitindo os que estavam na extremidade inferior da curva. Essa abordagem visava constantemente elevar o padrão de desempenho na GE, fomentando um ambiente onde a competência e os resultados eram extremamente valorizados.

Além disso, Welch era um defensor do *workout*, um programa que incentivava os funcionários a falar abertamente sobre problemas e desafios da empresa, promovendo soluções inovadoras e melhorando a comunicação e a eficiência. Esse programa refletia seu compromisso com a transparência e a comunicação aberta, elementos que ele via como cruciais para o sucesso empresarial. As estratégias de gestão de Welch não estavam isentas de críticas, sobretudo aquelas relacionadas às pressões e ao estresse associados ao seu modelo. No entanto, não se pode negar o impacto transformador de sua liderança na GE. Welch deixou uma marca indelével na empresa, transformando-a em uma gigante global diversificada e altamente lucrativa.

Welch enfatizava que a cultura e o sucesso organizacional são construídos tanto sobre o que as pessoas acreditam quanto sobre o que efetivamente realizam, e as definiu da seguinte maneira:

1. **Funcionários com valores da empresa, mas sem resultados**
   Funcionários que personificavam plenamente os valores da GE, mas lutavam para entregar resultados. Embora alinhados culturalmente, a

---

[14] JACK WELCH e seu legado de duas décadas frente à General Electric. **Sand Box**, São Paulo, 5 set. 2022. Disponível em: https://sandbox.ee/2022-09-05-jack-welch-e-seu-legado-de-duas-decadas-frente-general-electric/. Acesso em: 3 out. 2024.

falta de performance colocava em questão sua continuidade na empresa. Era incentivado o desenvolvimento desses indivíduos, investindo em treinamento e orientação, pois via o alinhamento de valores como uma fundação sólida sobre a qual as habilidades e a performance poderiam ser construídas.

2. **Funcionários com valores da empresa e que entregam resultados**
O grupo ideal na visão de Welch. Funcionários que compartilhavam os valores da GE e entregavam resultados consistentemente eram essenciais para o sucesso da empresa. Eles eram recompensados com frequência e reconhecidos, servindo como modelos para o restante da organização.

3. **Funcionários sem os valores da empresa, mas que entregam resultados**
Esses indivíduos representam um dilema. Eles entregam os resultados desejados, mas não estão alinhados com os valores corporativos. No longo prazo, eles eram prejudiciais para a cultura da organização e, portanto, não tinham lugar na GE. Manter funcionários que desempenham bem, mas contrariam os valores fundamentais, cria um ambiente tóxico e compromete a integridade e a coesão da equipe.

4. **Funcionários sem valores da empresa e que não entregam resultados**
A categoria mais clara em termos de ação necessária: demissão. Funcionários que não se alinham aos valores da empresa e também falham em cumprir suas metas operacionais são vistos como os menos capazes de contribuir para o sucesso organizacional.

Welch destacava que muitas equipes se tornam reféns de funcionários que, apesar de entregarem resultados, não compartilham dos valores centrais da empresa. Esta situação é extremamente tóxica para a cultura organizacional, pois compromete os princípios éticos e morais que sustentam o ambiente de trabalho. Na visão de Welch, os valores estão diretamente relacionados ao caráter, algo que é intrínseco ao indivíduo e que, segundo ele, vem de berço. Já os resultados, por outro lado, são treináveis.

Portanto, a gestão por valores de Welch não envolvia apenas alcançar metas financeiras e operacionais, mas também construir uma organização sustentável onde o caráter e os valores são tão importantes quanto a performance. Essa abordagem visava garantir que a GE não apenas prosperasse no mercado, mas também mantivesse uma cultura corporativa saudável e alinhada a seus princípios éticos e morais.

	Entrega resultados	Não entrega resultados
Com valores da empresa	Desenvolver e promover: modelo para a organização.	Investir e desenvolver: potencial a ser explorado.
Sem valores da empresa	Demissão: tóxico para a cultura, mesmo com bons resultados.	Demissão: não alinhado com valores e baixa performance.

No IBGL Brasil, minha equipe e eu adotamos a gestão por valores, inspirada nas práticas de liderança de Jack Welch, como um pilar central em nossos programas de consultoria. Nós reconhecemos a importância crítica de alinhar os valores pessoais dos funcionários com os da organização para garantir um desempenho sustentável e uma cultura corporativa robusta.

Ao implementar esse estilo de gestão, focamos identificar e desenvolver líderes e equipes que não apenas alcançam resultados excepcionais, mas personificam os valores fundamentais da empresa. Essa abordagem tem sido fundamental para ajudar as organizações com as quais trabalhamos a otimizar seus processos de gestão de talentos, assegurando que a integridade e a excelência sejam mantidas em todos os níveis da empresa.

A Lei do Monte Everest

John Maxwell, em seu livro *As 17 incontestáveis leis do trabalho em equipe*,[15] introduz a Lei do Monte Everest, que estabelece uma analogia interessante entre escalar a montanha mais alta do mundo e os desafios enfrentados pelas equipes nas organizações. Maxwell argumenta que, assim como o monte Everest apresenta desafios que aumentam em complexidade e dificuldade à medida que se aproxima do cume, os desafios organizacionais também escalonam em magnitude e exigem equipes cada vez mais capacitadas e adaptadas para superá-los.

---

[15] MAXWELL, J. C. **As 17 incontestáveis leis do trabalho em equipe**. São Paulo: Thomas Nelson Brasil, 2016.

Assim como uma expedição ao Everest requer escaladores experientes, líderes fortes, planejamento meticuloso e apoio logístico robusto, os desafios no ambiente corporativo exigem equipes com habilidades complementares, liderança eficaz, estratégias bem-definidas e recursos adequados. Maxwell enfatiza que a liderança efetiva é crucial para mobilizar e preparar a equipe para o sucesso, independentemente da magnitude dos desafios enfrentados, e destaca a importância de entender que os desafios organizacionais são como montanhas a serem escaladas: quanto mais alto se quer chegar, mais dependente se torna da capacidade, do preparo e do engajamento da equipe.

A lei proposta por Maxwell não é apenas uma metáfora para descrever a relação entre objetivos e desafios, mas também um lembrete prático de que o sucesso na liderança e na gestão de equipes está intrinsecamente ligado à habilidade de adaptar-se e evoluir em resposta às crescentes demandas e complexidades do caminho à frente. Ela reforça a noção de que liderar é uma jornada contínua de crescimento, aprendizado e superação de novos "Everests" que surgem no horizonte organizacional.

A LEI DO MONTE EVEREST
Um crescimento rápido

Tipo de desafio		Tipo de equipe necessária
Novo	exige uma equipe	Criativa
Controverso	exige uma equipe	Unida
Antigo	exige uma equipe	Decidida
Maior	exige uma equipe	Melhor
Diversificado	exige uma equipe	Que se complementa

O poder da atitude

As atitudes individuais são a força propulsora por trás de uma equipe bem-sucedida, funcionando como multiplicadores do potencial coletivo. A postura de cada membro da equipe, quando alinhada a um espírito colaborativo e um objetivo compartilhado, pode elevar todo o grupo a novos patamares de eficiência e inovação. Enquanto as habilidades técnicas formam a base necessária para o desempenho de tarefas, são as atitudes como a proatividade, a colaboração e o otimismo que fomentam um ambiente onde a sinergia do trabalho em equipe floresce.

Equipes com atitudes saudáveis e positivas são capazes de ir além das limitações individuais. A predisposição para se apoiar mutuamente, compartilhar conhecimento e abraçar novas ideias cria uma cultura na qual as soluções criativas emergem, compensando, em muitos casos, a escassez de habilidades técnicas. Uma equipe que abraça desafios com determinação e flexibilidade pode superar obstáculos que, para os menos engajados, pareciam intransponíveis.

Além disso, as atitudes individuais robustas são contagiosas, inspirando e motivando outros membros da equipe a adotar uma abordagem semelhante. A paixão e o entusiasmo de um podem acender a chama nos demais, levando a uma melhoria contínua tanto em nível individual quanto coletivo. A atitude torna-se o catalisador para uma cultura organizacional vibrante, na qual o dinamismo e a vontade de fazer acontecer são a norma, não a exceção.

No entanto, é essencial reconhecer que a atitude por si só não é o único ingrediente para o sucesso. Embora uma atitude positiva possa impulsionar uma equipe e melhorar a dinâmica de trabalho, ela deve ser acompanhada por competências e habilidades técnicas adequadas. A sinergia de uma atitude exemplar com a expertise técnica é o que gera resultados excepcionais e sustentáveis.

Sendo assim, por mais que a atitude de um colaborador pode ser a faísca que acende o fogo da inovação e do sucesso da equipe, não podemos esquecer a necessidade da substância e da habilidade técnica que alimentam esse fogo. Uma equipe que combina atitudes excepcionais com a competência técnica é uma força a ser reconhecida no cenário corporativo.

Em resumo, "atitudes moldam atitudes". Elas podem levar uma equipe a realizar feitos extraordinários, mas devem ser solidificadas sobre o alicerce de habilidades técnicas robustas. Assim, ao passo que cultivamos equipes com atitudes positivas e engajadas, devemos também assegurar que a competência técnica esteja presente. Afinal, o sucesso duradouro não é feito apenas de atitude; é uma mistura complexa de caráter, competência e comprometimento.

A equação que define o sucesso de uma equipe no ambiente corporativo vai muito além da soma de conhecimento e habilidades individuais; ela exige a integração com atitudes excelentes. Conhecimento é o alicerce, representando a compreensão e a informação que os membros da equipe dispõem sobre seu campo de trabalho. As habilidades são as capacidades aplicadas que permitem a execução de tarefas com proficiência, mas são atitudes individuais como comprometimento, proatividade e paixão que catalisam e transformam o conhecimento e as habilidades em um ótimo desempenho. Esse tipo de time não só atinge seus objetivos mas também estabelece e supera novos padrões, impulsionando inovação e estabelecendo novos *benchmarks* de sucesso.

Por outro lado, quando atitudes são apenas comuns, sem o impulso extra ou a determinação que define os grandes times, o resultado é uma equipe que funciona de acordo com as expectativas, mas raramente excede ou inova além delas. E pior, quando as atitudes são ruins, o conhecimento profundo e as habilidades avançadas são ofuscados por um clima de negatividade e complacência, o que resulta em uma equipe que não atinge seu potencial pleno, caindo na mediocridade. Por isso, para qualquer líder ou organização focada em excelência, nutrir e desenvolver atitudes positivas é tão crucial quanto o treinamento técnico e a educação contínua.

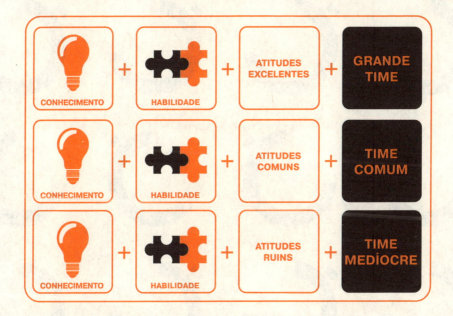

Agora que você conhece todos os sete alicerces para criar uma equipe engajada – remuneração e performance se tornam aliadas; ativação do engajamento emocional para o cumprimento de metas; saber balancear a razão e emoção; a importância de definir quem está em seu time e o perfil de sua equipe; a gestão por valores; a Lei do Monte Everest e o poder da atitude –, chegou o momento de explorarmos como você, o líder, pode ajudar no engajamento de sua empresa por meio de uma liderança transformadora. Vejo você no próximo capítulo!

4

LIDERANÇA TRANSFORMADORA E SEU IMPACTO NO ENGAJAMENTO – NÃO EXISTE EQUIPE FORTE E ENGAJADA COM LÍDERES MEDIANOS

O assunto liderança é indiscutivelmente um dos tópicos mais enfatizados e abordados no mundo corporativo, ocupando um lugar central em programas de treinamento e desenvolvimento em organizações de todos os tamanhos e setores. Eu mesmo já ministrei centenas de treinamentos sobre o tema e talvez um dos programas que mais conduzi nas empresas foi o que visava ao desenvolvimento de líderes. Essa predominância sobre o assunto se deve ao amplo reconhecimento de que a liderança é o motor que impulsiona a inovação, a cultura organizacional, o engajamento dos funcionários e, por fim, o sucesso empresarial.

Programas de treinamento em liderança são projetados não apenas para aprimorar as habilidades de gestão mas também para cultivar qualidades como visão estratégica, empatia, capacidade de tomar decisões e habilidades de comunicação. O investimento nos treinamentos de liderança reflete a crença de que líderes eficazes são indispensáveis para navegar nas complexidades do ambiente de negócios.

A liderança é, sem dúvidas, um grande catalisador na construção de uma cultura de engajamento forte. Um exemplo recente de sucesso empresarial atribuído à liderança eficaz é o da Microsoft sob a gestão de Satya Nadella.[16] Quando Nadella assumiu como CEO em 2014, a empresa enfrentou desafios significativos, incluindo a perda de relevância em mercados-chave como o de dispositivos móveis e uma cultura interna considerada rígida e segmentada.

Nadella rapidamente estabeleceu uma nova direção para a empresa, focando a cultura, a inovação e a expansão para a computação em nuvem e tecnologias de inteligência artificial. Ele priorizou a transformação da cultura corporativa, promovendo a colaboração, a aprendizagem contínua e o crescimento pessoal e profissional dos funcionários. Essa mudança cultural, com a visão estratégica de Nadella revitalizou a empresa, tornando-a líder em inovação tecnológica e elevando significativamente seu valor de mercado. Sob sua liderança, a Microsoft se tornou uma das empresas mais valiosas do mundo novamente, com um renascimento que muitos analistas e especialistas em negócios atribuem diretamente ao estilo de liderança inclusivo e visionário do CEO.

A liderança é o coração pulsante de qualquer instituição bem-sucedida, servindo como o alicerce sobre o qual equipes vitoriosas são construídas. É um axioma no mundo dos negócios e da gestão que não existe equipe bem-sucedida sem uma liderança eficaz. Como autor, sustento a crença de que, embora algumas pessoas possam ter uma predisposição inata para liderar, a liderança, assim como a música, requer não apenas talento natural, mas também dedicação e aprendizado contínuo para alcançar a excelência.

Assim como no mundo da música, onde existem indivíduos com dons naturais que, se não se dedicarem ao estudo e à prática, permanecerão limitados, na liderança ocorre o mesmo. Há aqueles que têm talento inato para liderar, mas sem o devido aprimoramento por meio do estudo e da experiência prática,

---

[16] SOMASEGAR, S. Microsoft's resurgence: reflecting on Satya Nadella's leadership, a decade after he became CEO. **Geek Wire,** Seattle, 1 fev. 2024. Disponível em: https://www.geekwire.com/2024/microsofts-resurgence-reflecting-on-satya-nadellas-leadership-a-decade-after-he-became-ceo/. Acesso em: 3 out. 2024.

seu potencial permanece subdesenvolvido. Por outro lado, indivíduos que talvez não tenham uma predisposição natural para serem líderes, mas que se comprometem com a disciplina de aprender e crescer em suas habilidades, podem ultrapassar aqueles que dependem apenas de seus talentos inatos.

Os verdadeiros "Beethovens" da liderança são aqueles que combinam talento natural com um compromisso incansável com seu desenvolvimento e aprimoramento. Esses líderes não só têm inclinação inata para inspirar e guiar outros como também investem tempo e recursos em aprendizado contínuo, participando de workshops, lendo extensivamente sobre o tema e buscando mentorias e experiências que enriqueçam sua capacidade de liderar eficazmente.

Todas as organizações de sucesso, sem exceção, têm líderes que não tiveram apenas a visão para criar equipes vencedoras, mas também a determinação para moldar essa visão em realidade tangível. Esses líderes entendem que a liderança é uma jornada de aprendizado contínuo e autoaperfeiçoamento e reconhecem que liderar é tanto uma arte quanto uma ciência, exigindo uma combinação de intuição, empatia, estratégia e conhecimento.

Portanto, a liderança é um elemento indispensável para o sucesso de qualquer equipe e organização. Ela transcende a simples gestão de tarefas e objetivos; pois inspira, motiva e transforma o potencial humano em resultados extraordinários. Assim, para aqueles que aspiram à excelência em liderança, é essencial não só possuir ou desenvolver as qualidades inatas, mas também dedicar-se ao estudo e à prática constante da arte e ciência de liderar.

Uma boa derrota às vezes faz bem.

Transformação de talentos individuais em um time engajado

O caso do "Dream Team" de 1992 é uma história lendária no mundo do basquete, e ilustra a importância do trabalho em equipe e do engajamento coletivo, mesmo quando se trata de um grupo composto pelos maiores talentos do esporte.

Sob a liderança do técnico Chuck Daly, a equipe olímpica de basquete dos Estados Unidos contava com ícones como Michael Jordan, Magic Johnson,

Larry Bird, Charles Barkley, Scottie Pippen, entre outros. Esses jogadores eram estrelas consagradas em suas respectivas equipes da NBA, conhecidos por suas habilidades excepcionais e conquistas individuais. No entanto, Daly percebeu que para conquistar a medalha de ouro nas Olimpíadas, não bastava reunir os melhores jogadores, era necessário forjar a partir deles uma equipe coesa e sinérgica.

A estratégia de Daly para incutir essa mentalidade envolveu um jogo preparatório contra uma seleção de talentos universitários que, contra todas as expectativas, venceu o Dream Team. Essa derrota-surpresa foi um choque e teve grande repercussão na mídia, e ainda serviu como um despertar necessário para os jogadores estrelados.

Daly usou esse resultado para enfatizar que independentemente do talento individual, o trabalho em equipe e o esforço coletivo eram fundamentais para alcançar o sucesso no cenário olímpico. Esse evento marcou um ponto de virada para o Dream Team, que passou a focar mais a dinâmica coletiva e a colaboração mútua. Com essa mudança de mindset, a equipe superou suas diferenças e uniu forças, culminando em uma performance dominante nos Jogos Olímpicos de Barcelona, onde conquistaram a medalha de ouro e solidificaram seu legado como uma das maiores equipes da história do esporte.

A derrota em um jogo preparatório contra uma equipe de estrelas universitárias foi uma jogada estratégica de Daly para incutir uma lição valiosa: mesmo os maiores talentos precisam de unidade e trabalho em equipe para triunfar. Essa experiência serviu como um catalisador para o Dream Team, mostrando que, independentemente das habilidades individuais, o comprometimento coletivo com um objetivo comum é o que leva ao sucesso. Daly usou esse jogo perdido para destacar a importância da humildade, da colaboração e do esforço coletivo, elementos essenciais para a formação de um time verdadeiramente engajado.

A história do Dream Team sob a liderança de Chuck Daly ensina que o papel de um líder estratégico vai além de gerenciar habilidades individuais. A visão estratégica de Daly incluiu o reconhecimento de que o engajamento e a cooperação não surgem automaticamente, mesmo em grupos de alto calibre.

Ele sabia que era necessário construir pontes entre os jogadores, encorajando a confiança mútua e o apoio recíproco. Por meio dessa abordagem, Daly não apenas refinou o talento individual de seus jogadores, como também criou um ambiente onde esses talentos podiam se combinar sinergicamente, resultando em uma força coletiva imbatível.

A história do Dream Team sob a liderança de Chuck Daly ensina que o papel de um líder estratégico vai além de gerenciar as habilidades individuais. É preciso cultivar um sentido de propósito compartilhado e incentivar uma cultura de colaboração e respeito mútuo. Assim, a liderança estratégica envolve transformar talentos individuais em um time engajado, no qual cada membro contribui para o sucesso maior da equipe, superando desafios juntos e celebrando as conquistas como um grupo único e coeso.

A visão estratégica de um líder de forjar um time engajado a partir de talentos individuais destaca-se como um componente crucial no campo da liderança. Ela demonstra que o verdadeiro poder reside não apenas na habilidade individual, mas também na capacidade coletiva de trabalhar em uníssono para alcançar objetivos comuns, transformando um grupo de indivíduos talentosos em uma equipe campeã e engajada.

Liderança é a arte de pedir ajuda a pessoas melhores que você.

Liderança x Gerenciamento

Muitas pessoas frequentemente confundem liderança com gerenciamento, tratando-os como sinônimos, quando na realidade são conceitos que, embora complementares, apresentam características distintas. Compreender essas diferenças é essencial para o desenvolvimento de uma organização saudável e produtiva.

O gerenciamento refere-se ao processo de organizar, planejar e controlar recursos incluindo pessoas, finanças e tempo para alcançar objetivos específicos de modo eficiente e eficaz. Gerentes focam estabelecer e seguir procedimentos, solucionar problemas imediatos e assegurar que as operações diárias sejam conduzidas de maneira suave e previsível. Quando uma equipe é liderada por alguém com uma inclinação mais gerencial do que de liderança, os processos tendem a funcionar eficientemente, mas pode haver uma falta de "calor humano" ou um ambiente menos acolhedor. Nesses casos, o foco na tarefa e no cumprimento dos objetivos pode ofuscar o desenvolvimento de relações interpessoais, limitando a motivação intrínseca e a satisfação dos colaboradores no trabalho.

A liderança, em contraste, está mais relacionada à capacidade de inspirar, influenciar e motivar as pessoas para atingirem um propósito maior. Líderes focam estabelecer direções, comunicar visões futuras, inspirar entusiasmo e encorajar o comprometimento com objetivos de longo prazo. Eles são catalisadores de mudança, que cultivam uma cultura que transcende as operações diárias para abraçar inovação, crescimento e desenvolvimento contínuo.

Nem todo líder é um gerente, e nem todo gerente é um líder, uma realidade que destaca a singularidade desses papéis dentro das organizações. Enquanto alguns indivíduos podem ter propensão natural para a liderança, inspirando e unindo as pessoas em torno de uma visão compartilhada, eles podem não possuir as habilidades organizacionais e analíticas típicas de um bom gerente. Da mesma forma, um gerente pode ser excepcional na administração dos recursos e na otimização dos processos, mas pode não ter a habilidade de motivar e inspirar sua equipe em direção a objetivos maiores, característica essencial de um líder eficaz.

Portanto, é crucial que as organizações busquem um equilíbrio entre liderança e gerenciamento, assegurando que, enquanto cultivam um ambiente inspirador e motivador, mantenham a eficiência operacional necessária para alcançar os objetivos estratégicos. Esse equilíbrio permite criar uma organização dinâmica, em que o engajamento e a satisfação dos funcionários andam de mãos dadas com a produtividade e o sucesso.

Aspecto	Liderança	Gerenciamento
Foco principal	Inspirar e motivar	Organizar e controlar
Orientação	Visão de futuro e direção	Tarefas, processos e operações
Habilidades-chave	Influência, motivação, empatia	Planejamento, organização, análise
Resultados desejados	Mudança, inovação, comprometimento	Eficiência, ordem, cumprimento de metas
Abordagem	Estratégica, transformadora	Tática, operacional
Relação com equipes	Constrói confiança e encoraja ao desenvolvimento pessoal	Assegura desempenho e foca metas e objetivos
Desafios	Manter engajamento de longo prazo	Gerenciar recursos e processos de maneira eficiente

O quadro anterior destaca quanto os aspectos da liderança e da gerência são complementares e importantes para o sucesso de uma organização – e não é por acaso que eles devem ser equilibrados para garantir tanto o crescimento sustentável quanto a eficiência operacional do negócio. O mais importante é que cada líder ou gerente faça uma autoavaliação honesta para identificar seus pontos fortes e áreas que necessitam de desenvolvimento. Ao entender os próprios *gaps* (ou pontos francos), podem ser tomadas medidas proativas para aprimorar as habilidades necessárias, seja por meio de educação formal, treinamento, experiências práticas ou mentorias.

O caso do *job rotation*

Uma equipe engajada tem um potencial imenso para produzir resultados extraordinários, ultrapassando as expectativas e alcançando objetivos que parecem estar além do alcance. Quando os funcionários estão engajados, eles não apenas executam suas tarefas com mais eficiência mas também se tornam defensores da organização, impulsionando a melhoria contínua e buscando ativamente soluções para os desafios enfrentados. No entanto, o engajamento da equipe não surge de modo espontâneo e é significativamente influenciado pela qualidade da liderança.

Líderes eficazes entendem como engajar seus funcionários, reconhecendo suas contribuições, comunicando-se de maneira transparente e construindo relações de confiança. Eles são capazes de alinhar os objetivos individuais dos membros da equipe com os objetivos organizacionais, criando um senso compartilhado de propósito. Além disso, uma liderança inspiradora envolve capacitar sua equipe, fornecendo as ferramentas e o suporte necessários para seu crescimento pessoal e profissional.

Lembro-me bem do caso de um grupo varejista com mais de trezentas lojas pelo país, cujo desafio era desvendar a razão pela qual algumas unidades apresentavam alta performance, enquanto outras, operando no mesmo mercado e com os mesmos produtos, não conseguiam resultados semelhantes. A investigação apontou a liderança como o possível fator diferencial, levando à execução de um experimento estratégico: a rotação de gerentes entre lojas de alta e baixa performance.

Nesse experimento, gerentes de lojas bem-sucedidas foram transferidos temporariamente para lojas com resultados abaixo do esperado e vice-versa. A hipótese era que, se a liderança fosse de fato o diferencial, a troca de gerentes deveria alterar os padrões de performance nas respectivas lojas. E os resultados foram reveladores.

Em menos de quarenta dias após a implementação do *job rotation* (ou rotação de trabalho), observou-se uma inversão significativa nos resultados das lojas. As unidades anteriormente de baixo desempenho mostraram melhorias notáveis em suas operações e resultados comerciais. Ao mesmo tempo, as lojas que historicamente performaram bem enfrentaram uma queda em sua performance.

Esse estudo de caso confirmou de maneira inequívoca que a liderança tem um impacto profundo na performance de uma equipe e de uma unidade de negócio. O experimento demonstrou que, independentemente do mercado ou do produto, a qualidade da liderança é um fator crítico que pode determinar o sucesso ou o fracasso de uma loja no varejo.

UMA BOA DERROTA ÀS VEZES FAZ BEM.

NÃO SEJA BABÁ DE GENTE GRANDE
@FABIANOZANZIN

5

ENGAJAMENTO ESTRATÉGICO – ONDE A VISÃO ENCONTRA A AÇÃO

À medida que nos aprofundamos na essência do engajamento estratégico, é imperativo reconhecer a importância dos fundamentos estabelecidos nos capítulos iniciais. Do entendimento do engajamento de equipe à implementação de uma liderança transformadora, cada capítulo anterior plantou sementes essenciais para o florescimento da cultura de gestão que buscamos cultivar. Os princípios detalhados nos capítulos 1 a 4 são os pilares que sustentam não apenas o conceito mas também a prática de criar um ambiente onde o engajamento é uma prioridade e uma realidade palpável.

Agora, começamos a jornada de construção de rotas saudáveis e eficazes para o engajamento estratégico. Neste capítulo, teoria e prática convergem, em que os insights e as estratégias nascidas de mais de dezoito anos de experiência do IBGL Brasil ganham vida. Ao longo de nossa trajetória trabalhamos com mais de duzentas empresas nacionais e internacionais, e colecionamos um portfólio substancial de casos, experiências e métodos testados e comprovados.

As lições aprendidas dessas interações inestimáveis formam o cerne do engajamento estratégico que vamos explorar agora. Prepare-se para mergulhar em estratégias práticas que foram cuidadosamente desenvolvidas, testadas e refinadas. Vamos juntos construir essa rota para uma transformação verdadeira e um desempenho que supere as expectativas.

Gestão compartilhada × Comando único

A dinâmica entre gestão compartilhada ou comando único representa um espectro de estilos de liderança que influencia profundamente a cultura organizacional e o engajamento das equipes. A escolha entre esses modelos depende de vários fatores, incluindo a natureza do negócio, os objetivos estratégicos, a maturidade da equipe e a filosofia de liderança.

Comando único: clareza e direção

O modelo de comando único, frequentemente representado na estrutura piramidal tradicional, é caracterizado por uma hierarquia clara na qual as decisões fluem de cima para baixo. Nesse sistema, o líder ou a alta direção detém a autoridade máxima e as decisões são centralizadas, com pouca ou nenhuma interferência de membros de níveis inferiores da organização. A eficiência desse modelo está na clareza de direção e na rapidez na tomada de decisão, visto que não necessita de um processo de consulta amplo para cada ação estratégica ou operacional.

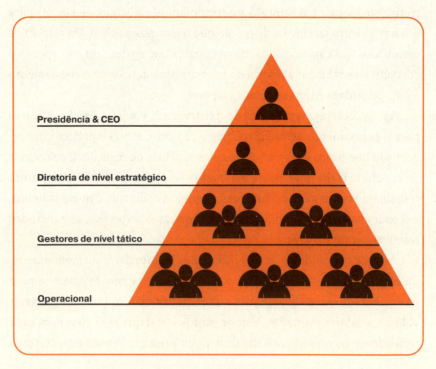

Esse estilo de liderança pode ser particularmente eficaz em ambientes onde é necessário um controle rigoroso, como em situações de crise, em setores altamente regulamentados ou em empresas que enfrentam desafios significativos que exigem ações rápidas e decisivas. A estrutura piramidal permite uma implementação de políticas e procedimentos uniformes, o que pode resultar em uma operação coesa e previsível, facilitando o monitoramento do desempenho e a avaliação de eficácia das estratégias implementadas.

No entanto, o modelo pode levar a consequências negativas significativas, sobretudo quando se trata de engajamento e inovação. Primeiramente, pode haver uma tendência ao despotismo, em que o poder concentrado no topo da hierarquia limita a autonomia e a contribuição criativa dos membros da equipe. Isso pode resultar em uma cultura de medo e conformidade, em que os funcionários hesitam em expressar novas ideias ou apontar problemas por receio de represálias. Além disso, essa estrutura pode levar à desmotivação, visto que os colaboradores podem sentir que seu potencial e habilidades não são plenamente reconhecidos ou utilizados. Colaboradores mais jovens, que frequentemente entram no ambiente de trabalho com expectativas de maior colaboração, autonomia e oportunidade de contribuição, podem encontrar dificuldades em se adaptar a um sistema que limita sua participação na tomada de decisão e no processo criativo, resultando em maior rotatividade, desengajamento e desafios na retenção de talentos.

Isso sublinha a importância de as empresas considerarem abordagens de gestão mais flexíveis e inclusivas, que não só se alinhem com as dinâmicas do mercado moderno mas também atendam às aspirações e ao estilo de trabalho das novas gerações de profissionais – principalmente quando levamos em conta que a Nova Economia mundial é fundamentada em inovação, e a inovação depende daqueles que compartilham suas ideias. Vale ressaltar que esse ainda é o modelo mais comum e presente nas organizações.

Gestão compartilhada: sinergia e empoderamento

A gestão compartilhada emerge como um modelo altamente aderente às demandas do dinamismo do mercado atual. Essa abordagem coloca ênfase na colaboração, no compartilhamento de responsabilidades e na tomada de decisão conjunta, principalmente nos níveis estratégicos e táticos da organização. Acredito firmemente que ela é o caminho a seguir para organizações que buscam responder com agilidade e eficácia às mudanças constantes do ambiente de negócios. Contudo, é crucial entender que esse modelo demanda equipes com um elevado grau de maturidade, consciência e competência.

Contrariando o entendimento comum, a gestão compartilhada não implica a ausência de comando e direção. Pelo contrário, ela pressupõe que, embora a tomada de decisão seja mais distribuída, ainda existe uma liderança clara que fornece a visão, os valores e os parâmetros nos quais as equipes operam. Em um ambiente de gestão compartilhada, cada departamento ou equipe tem clareza de suas metas, entregáveis e planos de ação, operando com uma compreensão profunda dos indicadores de desempenho que devem gerenciar. Isso não só fortalece a responsabilidade e a autonomia em todos os níveis mas também otimiza a eficiência e a eficácia operacional, pois todos os membros estão alinhados e movendo-se em direção aos objetivos comuns da organização.

Um dos pilares fundamentais da gestão compartilhada é a ênfase em cobrar resultados em vez de ditar os meios para alcançá-los. Esse pilar reflete a confiança na capacidade e na autonomia das equipes para determinar o melhor caminho para atingir os objetivos estabelecidos. Em vez de microgerenciar cada etapa do processo, a liderança que segue esse estilo de gestão estabelece metas claras e mensuráveis, deixando que as equipes, com seu conhecimento especializado e experiência prática, decidam como esses objetivos serão alcançados.

Essa abordagem não apenas potencializa a inovação e a criatividade, mas também fortalece o senso de responsabilidade e comprometimento dos colaboradores, pois eles se tornam coautores dos sucessos e aprendizados da organização.

No IBGL Brasil, adotamos a gestão compartilhada como um pilar central em nossos programas de consultoria. Essa abordagem está ancorada no Método 4 Leis®, que foca a execução e a produtividade, detalhado em meu livro *A caminho do topo*,[17] publicado em 2019. Esse método promove uma execução mais eficiente e produtiva e também capacita as organizações a se adaptarem de maneira mais dinâmica e resiliente às exigências do mercado.

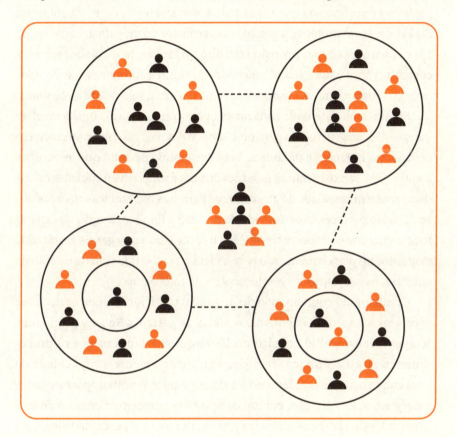

A gestão compartilhada não é apenas um modelo de operação organizacional, mas uma filosofia de trabalho que encoraja o envolvimento ativo e o comprometimento de todos os membros da equipe. Adotar esse modelo é reconhecer que o potencial coletivo é maximizado quando cada indivíduo tem a oportunidade de contribuir, inovar e participar diretamente na trajetória de crescimento e sucesso da empresa.

---

[17] ZANZIN, F. **A caminho do topo**: como tirar seus sonhos e metas do papel. Porto Alegre: Simplíssimo, 2019.

O caso Spotify

Na Spotify, a gigante do *streaming* de música, a estrutura organizacional é embasada em *squads* (esquadrões),[18] que são essencialmente equipes pequenas e autônomas que funcionam como startups dentro da empresa. Essa abordagem promove a gestão compartilhada ao incentivar cada equipe a ter controle sobre o próprio trabalho, priorizando a colaboração e a comunicação, e é um exemplo inovador de como a autonomia das equipes pode conduzir a ganhos significativos em eficiência, velocidade e economia.

Em um ambiente onde cada *squad* opera com um nível considerável de independência, as soluções para problemas e desafios do cotidiano emergem de maneira orgânica e dinâmica. Essa autonomia permite que as equipes identifiquem rapidamente as questões críticas e proponham soluções inovadoras sem a necessidade de atravessar as barreiras hierárquicas tradicionais, acelerando o processo de tomada de decisão e implementação. Os *squads* focam encontrar respostas, soluções e rotas para entregar os resultados mapeados no planejamento, ou seja, a meta ou o objetivo vem da direção da empresa, mas a resposta e a solução vêm de cada equipe.

Comparando com um modelo piramidal tradicional, onde as decisões precisam ser aprovadas por vários níveis de gestão, a Spotify economiza tempo e recursos. Em um sistema hierárquico, a burocracia e os procedimentos formais podem retardar significativamente a capacidade de uma empresa de responder a novos desafios ou aproveitar oportunidades emergentes. Esse atraso, em um campo tão competitivo como o de tecnologia, pode ter consequências graves, inclusive a perda de relevância no mercado.

A velocidade com que as "squads" do Spotify podem operar não apenas otimiza a resolução de problemas, mas também impulsiona a inovação contínua. A habilidade de se adaptar rapidamente às mudanças do mercado, ajustando produtos e serviços de acordo com as demandas dos usuários, é

---

[18] MELLO, F. H. de. Modelo Spotify Squads: como funciona, benefícios e desafios. **Qulture.Rocks**, [*s. l.*], 24 ago. 2023. Disponível em: https://www.qulture.rocks/blog/como-a-spotify-organiza-seus-times-de-produto. Acesso em: 3 out. 2024.

uma vantagem competitiva significativa. Isso é possível porque as equipes estão equipadas para testar, aprender e iterar em ciclos rápidos, sem a necessidade de passar por aprovações hierárquicas demoradas.

As reuniões semanais de *sprint* são essenciais nesse contexto dinâmico. Elas proporcionam um momento regular para os esquadrões revisarem progressos, discutirem desafios e ajustarem as estratégias e os planos de ação. Essas reuniões são fundamentais para manter todas as equipes alinhadas com os objetivos gerais da empresa, sem prejudicar a flexibilidade para navegar e adaptar-se às necessidades em constante evolução.

A velocidade para corrigir rotas, testar ideias e ajustar-se novamente é um grande fator competitivo na economia atual. Nesse cenário, planejamentos estratégicos rígidos e mapas estratégicos estáticos, outrora símbolos de organização e direção, tornam-se obsoletos diante da necessidade de flexibilidade e adaptação. Esse modelo reflete a realidade do mercado contemporâneo, no qual a capacidade de mudar de direção rapidamente é um atributo indispensável.

O motivo do baixo engajamento que dá nome a este livro

Um dos principais motivos para o baixo engajamento em muitas equipes é a falta de envolvimento dos funcionários no processo de definição e alcance de metas e projetos. Em uma era em que o modelo piramidal ainda predomina, a cultura de entregar rotas prontas, ditando o que fazer, como fazer e quais processos utilizar, é um cenário comum. Essa abordagem não apenas limita a criatividade e a iniciativa dos colaboradores, mas também os transforma em meros executores de tarefas, ou "robôs", como frequentemente são retratados.

A questão fundamental que surge é: como podemos esperar que os colaboradores se engajem com metas e objetivos com os quais não se sentem conectados ou nos quais não tiveram participação ativa no planejamento?

Essa abordagem não apenas atrapalha o desenvolvimento profissional dos colaboradores como também fomenta uma cultura organizacional em que o medo de errar e a passividade são comuns. Em tal ambiente, os líderes acabam assumindo o papel de "babás de gente grande", constantemente supervisionando e corrigindo o curso das ações, em vez de empoderar os funcionários para assumir a responsabilidade por seus resultados. Isso cria um círculo vicioso de dependência e desengajamento, em que os colaboradores se acostumam a receber ordens e evitam tomar iniciativas, restringindo o potencial de inovação e crescimento individual e coletivo.

Para quebrar esse ciclo e fomentar um ambiente de trabalho mais dinâmico e engajado, é essencial que as empresas se afastem dessa cultura de *top-down* (de cima para baixo) e adotem uma abordagem mais colaborativa e participativa. Isso melhora a inovação e a agilidade da empresa e também cria uma cultura de responsabilidade e crescimento, em que não existem "babás de gente grande", mas profissionais capacitados e engajados, prontos para contribuir ativamente para o sucesso organizacional.

A crítica ao modelo piramidal do comando único não se baseia apenas na sua rigidez, mas também na maneira como ele subestima o potencial humano dentro das organizações. Ao não envolver os colaboradores nas estratégias e na formulação dos planos de ação, as empresas perdem a oportunidade de aproveitar o vasto leque de experiências, perspectivas e competências que sua força de trabalho possui. Em outras palavras, há um desperdício enorme de capacidade intelectual.

Além disso, o modelo piramidal não considera as aspirações, habilidades e a capacidade de contribuição dos funcionários, resultando em uma desconexão entre as metas empresariais e as motivações pessoais.

Quanto maior o barco, maior a necessidade de enxergar com antecedência.

A virada de chave: construção da estratégia em equipe

A virada de chave aqui não é apenas uma metáfora; ela representa uma transição fundamental do modelo tradicional de liderança e planejamento para um paradigma mais colaborativo e integrado. Isso significa envolver a equipe em todas as etapas do processo estratégico, desde a concepção até a execução. Ao fazer isso, as organizações podem aproveitar uma gama mais ampla de insights, experiências e competências, resultando em estratégias mais robustas, inovadoras e alinhadas com as realidades operacionais e as capacidades da equipe.

A construção da estratégia em equipe começa com a definição de objetivos claros e compartilhados, seguida pelo mapeamento conjunto das rotas para alcançá-los. Esse processo colaborativo não só melhora a qualidade do planejamento estratégico como também aumenta o comprometimento de todos os envolvidos.

Essa virada de chave na construção da estratégia em equipe também implica a adoção de uma mentalidade de aprendizado e adaptação contínuos. As estratégias não são vistas como planos estáticos, mas como *frameworks* dinâmicos que podem ser ajustados em resposta às novas informações, feedbacks e mudanças no ambiente externo. Esse enfoque adaptativo permite que as organizações sejam mais ágeis e responsivas, capacitando-as a navegar de modo eficiente em um mercado em constante evolução.

Parece poético, mas na prática coisas "estranhas" acontecem

A ideia de uma gestão compartilhada pode parecer ideal e poética, prometendo um ambiente de trabalho onde a autonomia e a participação direta no processo decisório são celebradas. No entanto, ao tentar implementar esse modelo, muitas organizações se deparam com comportamentos "estranhos" e inesperados de parte dos colaboradores. A perspectiva de assumir responsabilidade direta pelo resultado das decisões pode ser intimidante, levando a reações adversas que podem complicar a transição para uma cultura de gestão compartilhada.

Um dos primeiros comportamentos observados é a **resistência**. Mesmo ansiando por mais autonomia, alguns colaboradores podem se mostrar resistentes quando convidados a contribuir efetivamente com ideias e soluções. Essa resistência muitas vezes se origina do medo de ser responsabilizado por falhas ou resultados negativos. Em culturas organizacionais em que o erro é malvisto ou punido, o receio de sugerir estratégias que não sejam bem-sucedidas pode inibir a participação ativa dos colaboradores, fazendo com que prefiram manter o *status quo* a arriscar-se.

Outro comportamento comum é o **medo**. O medo de falhar diante de novas responsabilidades pode ser paralisante. Quando a gestão compartilhada é introduzida, ela desloca a responsabilidade das camadas gerenciais superiores para os membros individuais da equipe, que podem não se sentir preparados para tal. Esse medo pode ser exacerbado pela falta de confiança nas próprias habilidades ou pela percepção de que não haverá suporte suficiente para enfrentar os desafios que surgirem.

Além disso, alguns colaboradores podem adotar uma postura de **delegação passiva**, em que, apesar de terem mais liberdade para tomar decisões, continuam a depender excessivamente de orientações superiores para todas as suas ações. Esse comportamento sugere uma dificuldade em internalizar a autonomia que lhes é concedida, optando por transferir a responsabilidade sempre que possível, ao invés de assumi-la plenamente.

Por fim, a **permanência na zona de conforto** é um comportamento amplamente observado e talvez o mais desafiador a ser superado. Muitos profissionais se acomodam às rotinas e aos processos nos quais se sentem seguros, mostrando pouca disposição para explorar novas abordagens ou assumir riscos. Essa preferência pela segurança do conhecido pode significar retardar a inovação e o crescimento pessoal e coletivo na organização.

Reconhecer e entender esses comportamentos é crucial para as lideranças que buscam implementar uma cultura de gestão compartilhada. Ao identificar essas reações, é possível desenvolver estratégias específicas para encorajar a participação, aumentar a confiança e fornecer o suporte necessário para que todos na organização possam contribuir ativamente e assumir a responsabilidade pelas decisões coletivas de maneira mais efetiva e confiante.

Embora haja um momento decisivo – a virada de chave, em que a organização se compromete oficialmente com essa mudança –, a verdadeira transformação ocorre ao longo do tempo e é marcada por avanços e, ocasionalmente, pequenos retrocessos.

Em primeiro lugar, é importante reconhecer que nem todos os membros da equipe estarão prontos ou serão capazes de assumir novas responsabilidades imediatamente. O desejo de participar ativamente no processo decisório é um excelente ponto de partida, mas a capacidade de fazê-lo com eficiência pode exigir desenvolvimento adicional. Isso inclui treinamento em habilidades específicas, como conhecimento técnico de novas ferramentas ou processos, resolução de problemas e liderança, bem como o cultivo de uma mentalidade que valorize a experimentação e o aprendizado contínuo.

A transição para a gestão compartilhada muitas vezes revela lacunas de competência que precisam ser abordadas para que todos os membros da equipe possam contribuir de maneira efetiva.

Além disso, construir uma cultura de gestão compartilhada é um processo iterativo que pode experimentar retrocessos. Como vimos, mudanças significativas na forma como uma organização opera podem gerar incerteza e resistência. Em alguns momentos, pode parecer que a equipe está regredindo aos antigos hábitos de dependência de direções *top-down* ou resistindo a assumir a responsabilidade plena pelas decisões.

Esses "passos para trás" são normais e devem ser vistos como oportunidades para aprender e ajustar estratégias. É essencial que a liderança permaneça comprometida, oferecendo suporte e reforçando os valores da gestão compartilhada consistentemente.

Paciência é crucial. A virada de chave não é um evento único, mas o início de uma jornada de transformação contínua. O processo de mudança organizacional leva tempo e requer ajustes contínuos à medida que a equipe amadurece e o mercado evolui. Celebrar pequenas vitórias e aprender com os desafios são passos importantes para manter a equipe motivada e engajada ao longo da jornada.

Portanto, enquanto a gestão compartilhada promete muitos benefícios, é importante ter uma visão realista de que a implementação será um processo evolutivo, com o próprio conjunto de desafios e recompensas. Com o comprometimento correto e a estrutura de suporte adequada, as organizações podem efetivamente transformar a maneira como operam, promovendo um ambiente onde cada membro da equipe tem voz e contribui significativamente para o sucesso coletivo.

A seguir está o quadro que categoriza os diferentes tipos de desafios enfrentados pelos membros da equipe em um ambiente de gestão compartilhada. Ele ajuda a entender os diferentes tipos de barreiras que podem surgir quando se tenta implementar uma cultura de gestão compartilhada, destacando que os desafios podem ser de natureza pessoal, de competência, de visão, ou de integração com a equipe.

Identificar esses desafios é crucial para desenvolver estratégias eficazes que permitam superá-los e avançar na construção de uma equipe verdadeiramente coesa e engajada.

Categoria	Desafios
Eleição (escolha pessoal)	Nem todos querem dizer "sim".
Habilidade (competência)	Nem todos devem dizer "sim".
Potencial (capacidade)	Nem todos podem dizer "sim".
Ritmo de trabalho	Alguns não podem manter o passo dos demais membros.
Desenvolvimento profissional	Alguns não crescem na sua área de responsabilidade.
Visão organizacional	Alguns não podem ver o quadro completo.
Melhoria pessoal	Alguns não querem trabalhar para melhorar seus pontos fracos.
Trabalho em equipe	Alguns não querem trabalhar com o restante da equipe.
Cumprimento de expectativas	Alguns não podem cumprir as expectativas da sua área.

A holocracia

A holocracia é um sistema de gestão que elimina as tradicionais hierarquias de gestão e distribui o poder por papéis e tarefas claramente definidos, distribuídos entre os membros da equipe. Esse sistema se baseia em círculos autônomos (grupos de trabalho) que se interconectam e onde cada membro tem um papel definido, mas pode participar de vários círculos.

A tomada de decisão é descentralizada e fundamenta-se no princípio de que qualquer membro pode tomar uma decisão, desde que siga o processo definido e não seja rejeitado por colegas com base em argumentos validados pelo trabalho.

O caso da Zappos

A Zappos, uma empresa estadunidense de venda on-line de sapatos e roupas, é frequentemente citada como um exemplo emblemático de implantação da cultura de gestão compartilhada, sobretudo por meio de sua adoção da holocracia. Esse modelo de gestão radicalmente diferente foi adotado pela Zappos em 2013, sob a liderança de seu então CEO, Tony Hsieh, com o objetivo de substituir a tradicional hierarquia corporativa por um sistema mais horizontal e distribuído.[19] Chegou a ser reconhecida como a empresa mais feliz do mundo.

Em julho de 2009, a Zappos foi adquirida pela Amazon em um acordo avaliado em aproximadamente 1,2 bilhão de dólares, realizado inteiramente em ações. Essa aquisição permitiu que a Zappos continuasse operando de modo independente enquanto aproveitava os recursos e a tecnologia da Amazon para expandir seu alcance e eficiência operacional. A Amazon assegurou que a Zappos manteria sua cultura única e suas práticas operacionais que foram chave para seu sucesso inicial.

Após a aquisição, a Zappos continuou a crescer e expandir suas operações, mantendo um forte foco no atendimento ao cliente. A empresa não só vende sapatos como também uma variedade de roupas e outros acessórios, oferecendo uma experiência de compra on-line superior com entrega rápida e gratuita, além de uma política de devolução de 365 dias. A abordagem orientada ao cliente da Zappos e seu ambiente de trabalho inovador a tornaram um modelo no setor de varejo on-line.

Na Zappos, a transição para a holocracia começou como um experimento para aumentar a agilidade organizacional e melhorar o envolvimento dos funcionários. Tony Hsieh estava particularmente interessado em criar um ambiente onde os funcionários pudessem contribuir de maneira mais efetiva para o crescimento da empresa e se sentir mais engajados e motivados pelo trabalho. A ideia era que a holocracia ajudasse a Zappos a continuar a escalar e inovar, mantendo a cultura da empresa e os altos níveis de serviço ao cliente.

A transição não foi sem desafios. A mudança para a holocracia na Zappos encontrou resistência significativa de alguns funcionários que se sentiram desconfortáveis com a nova estrutura, que exigia uma forma completamente diferente de trabalho e responsabilidade. A ausência de títulos tradicionais e a mudança nas dinâmicas de poder foram particularmente difíceis para alguns. Como resultado, a empresa experimentou uma taxa de rotatividade significativa após a implementação desse modelo de gestão. Apesar desses desafios, muitos na Zappos relataram melhorias em sua capacidade de agir

---

[19] MOXON, O. Holocracy. **Medium**, 10 mar. 2024. Disponível em: https://medium.com/@oscarmoxon/holocracy-6775cec06063. Acesso em: 4 out. 2024.

e inovar sem a necessidade de passar por canais de aprovação complexos. A estrutura ajudou a promover um ambiente onde a colaboração e a flexibilidade se tornaram a norma e onde os funcionários estavam mais alinhados e comprometidos com os objetivos organizacionais.

Com essas mudanças, o processo de entrevista na empresa também mudou: ela avalia não apenas as habilidades técnicas dos candidatos, mas, mais intensamente, sua adequação à cultura da empresa. As entrevistas incluem perguntas que visam entender se o candidato se alinha aos dez valores fundamentais da empresa, como "criar diversão e um pouco de estranheza". Isso reflete a importância que a empresa atribui à personalidade e aos valores pessoais, além das competências técnicas. Nas entrevistas, os candidatos chegaram a responder perguntas como: "em uma escala de 1 a 10, quão estranho você é?".

Os dez valores fundamentais da Zappos[20] são uma parte essencial de sua cultura corporativa, influenciando desde as práticas de contratação até o dia a dia operacional da empresa. Esses valores foram cuidadosamente selecionados para refletir o compromisso da empresa com um ambiente de trabalho único e a prestação de um serviço ao cliente excepcional. Aqui estão eles:

1. **Entregar um serviço de atendimento ao cliente "WOW".** Focar proporcionar ao cliente uma experiência surpreendente e memorável.

2. **Abraçar e estimular a mudança.** Estar aberto a mudanças e inovação contínua em resposta ao mercado e às necessidades internas.

3. **Criar diversão e um pouco de estranheza.** Valorizar a individualidade e um ambiente de trabalho divertido que encoraja à expressão pessoal.

4. **Ser aventureiro, criativo e de mente aberta.** Promover a criatividade e a experimentação, aceitando o risco e as possíveis falhas como parte do processo de inovação.

5. **Buscar o crescimento e o aprendizado.** Incentivar os funcionários a buscar constantemente o desenvolvimento pessoal e profissional.

6. **Construir relacionamentos abertos e honestos com comunicação.** Valorizar a transparência e a honestidade tanto interna entre colegas quanto externa com os clientes.

---

[20] ABOUT US. **Zappos**, 2025. Disponível em: https://www.zappos.com/c/about. Acesso em: 4 out. 2024.

7. **Construir um espírito de equipe positivo e de família.** Fomentar um ambiente de suporte mútuo onde a colaboração e o apoio são chaves.
8. **Fazer mais com menos.** Ser eficiente com os recursos e sempre buscar maneiras de melhorar a eficiência em todas as operações.
9. **Ser apaixonado e determinado.** Demonstrar paixão e uma forte motivação para alcançar metas e superar desafios.
10. **Ser humilde.** Manter a humildade e o respeito por todos, independentemente do status ou posição.

Esses valores não apenas definem a cultura da empresa mas também servem como um guia para as decisões diárias e estratégicas, garantindo que a empresa permaneça fiel à sua missão e aos princípios que a tornaram bem-sucedida. Muitas organizações experimentam desafios com a retenção de pessoas pelo simples fato de que contratam pessoas sem o *fit* cultural (ou encaixe cultural) com os valores do ambiente de trabalho. Como vimos, se você não tem um conjunto claro de princípios para guiar sua seleção, inevitavelmente vai colocar qualquer pessoa para dentro, e isso custa caro.

Todos os novos funcionários, independentemente de sua posição, são obrigados a passar por um extenso programa de treinamento de serviço ao cliente. Isso inclui passar tempo no centro de atendimento ao cliente e, às vezes, lidar diretamente com as solicitações dos consumidores. Esse treinamento enfatiza a filosofia da empresa de que o atendimento excepcional ao cliente é responsabilidade de todos, seja qual for de seu papel. O escritório da empresa é famoso por seu ambiente aberto e descontraído, que inclui áreas para petiscos gratuitos, uma biblioteca e até mesmo um espaço para sonecas. A configuração do escritório e as amenidades são projetadas para fomentar um ambiente de trabalho confortável e colaborativo, incentivando os funcionários a interagir de maneira mais livre e criativa.

Outro diferencial e um dos métodos mais incomuns utilizados pela empresa é a oferta de uma "bolsa para sair". Após o período inicial de treinamento, a empresa oferece aos novos contratados uma quantia substancial para deixarem a empresa. O objetivo dessa prática é garantir que apenas os funcionários verdadeiramente comprometidos e alinhados com a cultura da empresa permaneçam. Essa abordagem ajuda a filtrar aqueles que podem não estar totalmente dedicados aos valores e à visão da Zappos.

Engajamento estratégico

No entanto, após experimentar a holocracia, a Zappos percebeu que precisava de ajustes para focar mais o cliente e melhorar a autogestão. Nem tudo aquilo que fora idealizado era saudável para os resultados da empresa na prática. Nos últimos tempos, a empresa introduziu a "dinâmica baseada no mercado", na qual equipes funcionam como microempresas com decisões financeiras autônomas, visando alinhar melhor os objetivos internos com as necessidades do mercado. Esse ajuste é um exemplo de como mesmo sistemas de gestão inovadores podem necessitar de evoluções para atender às demandas organizacionais e de mercado de maneira mais eficaz.

Já vimos que modelos piramidais rígidos geram meros "robôs executores de tarefas" e que, ao observar o caso da Zappos, eles mesmos precisaram retroceder em muitas práticas, chamando esse passo para trás de "dinâmica baseada em mercado".

Como tudo na vida, os extremos são o problema; quando se trata de construir uma cultura de gestão com foco no engajamento, é muito clara a importância de equilibrar liderança com participação do time. Uma cultura organizacional eficaz é aquela que consegue implementar uma estrutura de gestão que combine clareza de direção com a flexibilidade para incorporar as contribuições da equipe.

Isso significa estabelecer um sistema onde os líderes são claros sobre as diretrizes estratégicas e os objetivos, mas também estão abertos e encorajam a opinião e a inovação da equipe para construir as rotas para alcançar tais objetivos e diretrizes. Além disso, é necessário um sistema de feedback efetivo em que os participantes possam sentir que suas vozes são ouvidas e valorizadas, e que haja ambiente e fóruns adequados para discussões saudáveis. A melhoria contínua não pode ser um evento, mas uma prática diária que lubrifica a cultura de trabalho a todo momento.

Portanto, uma abordagem equilibrada exige uma liderança que seja tanto diretiva quanto inclusiva, promovendo um ambiente onde a participação é estimulada e a produtividade é maximizada. Isso não só ajuda a evitar os perigos extremos de uma gestão excessivamente autoritária ou desorganizadamente democrática como também fortalece a companhia como um todo, criando um ambiente de trabalho mais saudável e produtivo.

Vamos descobrir de maneira prática como fazer isso?

Como as pessoas vão se engajar com uma estratégia se elas não fizeram parte de sua construção?

A grande virada de chave: workshop de implantação da cultura

A transição de uma equipe dependente para um time engajado e de alta performance é uma jornada significativa que exige um ponto de partida claro e impactante. Em quase vinte anos atuando como consultor empresarial, todas as vezes que eu estive diante de um projeto em que a cultura de gestão se apresentava doente e que o engajamento era praticamente inexistente, utilizei uma ferramenta simples, mas poderosa, para promover o que eu chamo de "a virada de chave": um workshop com formato de evento de lançamento.

É necessário algo para marcar a nova fase da companhia e, estatisticamente, todos os projetos que alcançaram muito sucesso com a ajuda de meus programas de consultoria tinham em comum o fato de que começaram com esse pontapé inicial marcando o ponto da virada na cultura.

O marco inicial dessa transformação é o workshop de implantação da cultura, um evento estratégico que serve como grande catalisador para a mudança organizacional desejada. Esse workshop não é apenas uma reunião, mas um evento transformador que sinaliza o compromisso da empresa com uma nova era de gestão e colaboração.

A eficácia de uma equipe não se mede apenas pela sua capacidade de cumprir metas, pois também considera o grau de engajamento e comprometimento com as missões que lhes são atribuídas. Quando as metas e os projetos são simplesmente atribuídos às equipes, sem que estas tenham a oportunidade de participar ativamente de sua concepção, o resultado pode ser uma desconexão significativa. Como podem os colaboradores sentir-se verdadeiramente engajados se não tiverem voz ativa no estabelecimento dos objetivos que lhes são pedidos para alcançar? A imposição de metas pode levar ao cumprimento das tarefas, mas raramente inspira a paixão, a criatividade e o comprometimento – sentimentos catalisadores de desempenho excepcional e

Engajamento estratégico **101**

inovação contínua. Sem um sentido de contribuição para a formulação dessas metas, os colaboradores podem se sentir menos responsáveis pelo resultado e menos inclinados a se esforçar além do mínimo exigido.

Para fomentar um ambiente onde o engajamento prospera, é crucial reestruturar as reuniões de planejamento para serem mais inclusivas. Permitir que as equipes tenham um papel ativo na definição dos próprios objetivos e na elaboração de seus planos de ação, além de aumentar a probabilidade de que eles se comprometam com esses objetivos, também fortalece sua capacidade de inovação e resolução de problemas. Ao transferir a responsabilidade para as equipes de não apenas executar mas também de criar as soluções, as organizações podem desbloquear um nível mais profundo de comprometimento e desempenho entre seus colaboradores.

Realizar um workshop em formato de evento para representar um marco na virada de chave cultural da organização pode ser uma grande quebra de paradigma somente por conseguir parar a equipe e fazer tal evento. Lembro-me de um caso de um workshop impactante que minha equipe e eu conduzimos. Ocorreu em uma empresa do setor imobiliário com mais de quarenta anos de operação, onde, pela primeira vez, todas as atividades foram interrompidas para que todos os colaboradores pudessem participar desse evento fundamental. O diretor da empresa, que na ocasião era o sucessor do fundador, inicialmente preocupado com o impacto financeiro de fechar as operações durante um dia inteiro, me perguntou se essa ação era saudável para os negócios.

Eu simplesmente argumentei que o custo de fechar a empresa por um dia era mínimo em comparação aos múltiplos faturamentos de um dia já perdidos em razão da falta de engajamento da própria equipe. Essa perspectiva ajudou aquele diretor a reconhecer que o workshop não era apenas um evento, mas um investimento essencial no futuro da empresa que foi realizado com a participação de todos.

O impacto desse tipo de workshop vai além do conteúdo apresentado ou das estratégias desenvolvidas — ele serve como um poderoso símbolo do compromisso da liderança com a mudança cultural e com o engajamento de todos os colaboradores. A decisão de dedicar um dia inteiro para todos os funcionários refletirem, planejarem e se comprometerem com uma nova direção é um sinal claro de que a empresa valoriza seus colaboradores e está seriamente comprometida em construir uma cultura de alta performance e envolvimento.

Esse evento funciona como um divisor de águas, demonstrando que a empresa está pronta para romper com práticas antigas e abraçar novas formas de trabalhar juntas. A força do workshop reside em sua capacidade de reunir todos em torno de um objetivo comum, fomentando um sentimento de unidade e propósito compartilhado.

Para garantir o impacto e a seriedade do workshop, é indispensável a presença de toda a alta gestão, incluindo todos os líderes estratégicos e táticos. A participação de todos, desde a alta liderança até os níveis mais básicos da equipe, fortalecem a ideia de que a mudança é um esforço coletivo e que cada pessoa é um elemento vital na construção de um futuro mais promissor.

Estrutura e execução do workshop

O workshop parece muito com uma reunião clássica de planejamento estratégico, mas apresenta grandes diferenças conceituais. O evento começa com um discurso de abertura pelo CEO ou fundador da companhia, que apresentará **a meta global** para os próximos doze meses, por exemplo. Esse discurso deve ser inspirador e delineador dos grandes objetivos que a organização almeja alcançar, estabelecendo o contexto para o trabalho que cada equipe realizará posteriormente. A meta global deverá ser única, contemplando apenas o objetivo principal da organização.

Após essa apresentação, o workshop transita para uma fase de colaboração intensiva, em que cada equipe, sob a facilitação de seus líderes, se engaja em discussões profundas para definir uma **meta específica** para seu departamento. Essa meta deve ser alinhada com a global e refletir o propósito essencial pelo qual o departamento existe.

Durante o workshop haverá o **desenvolvimento de planos de ação**, em que cada equipe trabalhará para identificar não apenas a meta, mas também desenvolver um conjunto de três planos estratégicos específicos para alcançá-la. Esses planos de ação devem ser concretos, mensuráveis e com prazos estabelecidos, garantindo que cada membro da equipe compreenda sua contribuição para o sucesso do departamento e, consequentemente, para o sucesso global da empresa.

Engajamento estratégico **103**

Outro aspecto fundamental do evento são as **apresentações e os compromissos** feitos por cada equipe, nos quais, ao final do workshop, elas apresentarão a meta e os planos de ação correspondentes a todos os participantes do time. Esse é um momento importante, pois cada departamento expõe seu compromisso perante a liderança e colegas de outras áreas, promovendo um ambiente de transparência e responsabilidade mútua.

Muitas vezes, um dia inteiro de workshop é apenas o começo da discussão, visto que muitas equipes descobrem que não mensuram aquilo que deveria estar sendo mensurado, outras descobrem que estão colocando a energia na direção errada – mas o grande objetivo aqui é provocar o engajamento para a contribuição de todos.

O grande objetivo deste workshop é transferir a responsabilidade pelas respostas de como alcançar os objetivos de cada área para quem vai executar a própria estratégia. Ninguém melhor para dizer o que deve ser feito e como deve ser feito do que quem vai efetivamente estar na linha de frente da operação. Lembre-se de que engajamento não é motivação, logo este evento tem a missão de tirar muitas pessoas e até mesmo departamentos inteiros de um lugar chamado "zona de conforto".

A melhor maneira de despertar o engajamento nas pessoas é transferindo a elas a responsabilidade pelos resultados. Vale ressaltar que nem todas as metas e estratégias que as equipes construíram serão prontamente validadas, é necessário haver uma análise crítica e um fórum para homologar tais objetivos e planos de ação, porém o grande objetivo desse exercício é despertar nas pessoas e nas equipes o senso de protagonismo.

Para as organizações que já têm um planejamento estratégico elaborado, lembre-se de que o objetivo desse evento não é elaborar o planejamento, mas provocar uma cultura de engajamento, em que a elaboração de um plano estratégico para cumprimento de metas e objetivos é apenas o pano de fundo para tal objetivo.

Esse tipo de evento que envolve a equipe na discussão e definição de planos de ação para atingir objetivos traz múltiplos benefícios que fortalecem o trabalho em equipe. A seguir, listo seis tipos de ganho para a cultura do engajamento:

1. **Melhoria da comunicação e colaboração:** os membros da equipe são encorajados a comunicar suas ideias, preocupações e sugestões abertamente. Esse ambiente promove um diálogo aberto e construtivo, essencial para o desenvolvimento de soluções eficazes e até mesmo inovadoras. A colaboração intensiva ajuda a quebrar silos entre departamentos ou grupos na organização, fomentando uma cultura de trabalho em equipe mais forte e coesa.

2. **Alinhamento de objetivos:** ao participarem ativamente do planejamento e da definição de metas, todos os membros adquirem um entendimento claro dos objetivos organizacionais. Isso ajuda a alinhar os esforços individuais e de grupo com as metas mais amplas da empresa, garantindo que todos estejam trabalhando em conjunto e na mesma direção.

3. **Empoderamento e engajamento:** envolver a equipe na formulação de planos de ação aumenta o senso de responsabilidade e propriedade sobre os projetos. Quando todos sentem que suas contribuições são valorizadas e que têm um papel ativo na definição do curso da empresa, eles se tornam mais engajados e motivados. Esse empoderamento é fundamental para impulsionar o desempenho e a satisfação no trabalho.

4. **Desenvolvimento de habilidades e liderança:** workshops de planejamento oferecem uma plataforma para os membros da equipe desenvolverem habilidades críticas, como pensamento estratégico, resolução de problemas e liderança. Por meio da participação em discussões complexas e tomada de decisão, os colaboradores têm a oportunidade de crescer profissional e pessoalmente, o que beneficia tanto o indivíduo quanto a equipe em geral.

5. **Construção de confiança e suporte mútuo:** ao trabalhar juntos em desafios complexos e compartilhar responsabilidades na implementação de planos, os membros da equipe desenvolvem uma confiança mais profunda uns nos outros. Essa confiança é a base para um ambiente de trabalho onde os integrantes do time se sentem seguros para arriscar, pedir ajuda e oferecer suporte aos colegas.

6. **Inovação e criatividade:** a diversidade de pensamento, naturalmente incentivada em sessões de planejamento colaborativo, pode levar a soluções criativas que não surgiriam em um ambiente de trabalho mais isolado ou hierárquico. É muito comum surgirem respostas novas de melhorias de processos para problemas ou desafios antigos da organização, apenas pelo simples fato de

que a equipe se reuniu em um ambiente propício e isento das atividades operacionais diárias para pensar em conjunto de maneira estratégica.

O workshop de implantação da cultura é apenas o começo. É vital que haja um mecanismo de acompanhamento e suporte contínuo para garantir que os planos de ação sejam implementados e que as metas departamentais contribuam para a meta global. Vamos agora falar sobre ele.

As reuniões semanais de time: catalisadores do engajamento

Após a virada de chave do workshop de lançamento, na qual a visão estratégica é redefinida e as metas são estabelecidas, o próximo passo crucial é a implementação dos **comitês semanais de gestão**. Esses comitês são fundamentais para a transição de uma visão inspiradora para uma prática rotineira que sustenta e fomenta a cultura de engajamento na empresa. Enquanto o workshop serve como um catalisador para o alinhamento e o comprometimento iniciais, são os comitês semanais que garantem a continuidade e a eficácia desse impulso inicial.

As reuniões semanais de equipe emergem como uma ferramenta poderosa, não apenas para o acompanhamento de tarefas mas também como um veículo para cultivar uma cultura de prestação de contas e comprometimento, representando uma oportunidade importante para cada indivíduo reportar os progressos, discutir desafios e celebrar conquistas – vale ressaltar que, aqui, estamos falando de reuniões semanais com duração de vinte a quarenta minutos, no máximo. Elas funcionam como o mecanismo que mantém a estratégia em movimento, assegurando que a cultura de engajamento não apenas seja desenvolvida, mas também permaneça viva e evolutiva. Neste contexto, os comitês semanais de gestão são essenciais para a incorporação das metas estratégicas no dia a dia da organização, transformando aspirações em ações concretas e resultados mensuráveis, e cultivando um ambiente onde o compromisso com a excelência é a norma.

Quando uma organização consegue estabelecer essas reuniões como uma rotina estruturada e esperada, transformando-as em um pilar da cultura corporativa, ela dá um passo significativo em direção à maturidade organizacional. Esse fórum regular de prestação de contas permite que todos na equipe vejam e compreendam o valor e o impacto de seu trabalho no quadro maior da empresa. Mais do que isso, cria um espaço para que os membros da equipe se sintam valorizados e importantes, elementos essenciais para o aumento do engajamento.

No entanto, é importante reconhecer que o caminho para a maturidade da equipe muitas vezes começa com desafios. Durante as primeiras fases de implementação de uma prática como essa, é comum enfrentar resistências ou mesmo ver comportamentos infantilizados – o que carinhosamente podemos chamar de "bebês chorões". Esses são membros da equipe que ainda estão se acostumando com a ideia de total transparência e responsabilidade aberta. Podem se mostrar resistentes a mudanças ou desconfortáveis com a exposição direta de suas dificuldades e sucessos.

O sucesso dessas reuniões semanais, portanto, não se mede apenas pela suavidade de sua condução, mas pela evolução comportamental e operacional que promovem ao longo do tempo. A chave para transformar esse desafio inicial em uma vantagem estratégica é a constância e o comprometimento da liderança em manter esses encontros como uma prática inegociável, ao mesmo tempo que oferece suporte para que todos na equipe cresçam e se desenvolvam por meio desse processo.

Em meu livro *A caminho do topo*, eu apresento o Método 4 Leis®, que estabelece um *framework* estratégico que transforma a maneira como as equipes operam e se comunicam para ganhar eficiência na execução da estratégia. Uma das práticas centrais do método é a realização de reuniões semanais inspiradas nos *sprints* da metodologia Scrum, uma prática transformadora que alinha os esforços da equipe com os objetivos estratégicos da empresa. Essas reuniões não são apenas *checkpoints* administrativos, mas também são vitais para manter o ritmo do progresso, ajustar táticas rapidamente e garantir que todos os membros da equipe estejam sincronizados e motivados. A regularidade e a estrutura dessas reuniões fornecem uma plataforma consistente para a avaliação e o planejamento, que são essenciais em ambientes dinâmicos e competitivos, mas com foco específico na prestação de contas e na responsabilidade mútua.

Os comitês semanais de gestão não são apenas encontros para discussões gerais ou operacionais; eles são fundamentais para o monitoramento contínuo e o acompanhamento da execução do planejamento estratégico elaborado durante o workshop de lançamento. É essencial que essas reuniões estejam estritamente vinculadas ao planejamento estratégico para garantir que todos os esforços estejam alinhados com os objetivos de longo prazo da empresa. Manter essas sessões ancoradas ao plano de ação delimitado no workshop assegura que cada discussão e decisão contribua para os avanços em direção às metas estabelecidas, evitando a armadilha de se tornarem apenas outro espaço para tratar de rotinas administrativas ou problemas de curto prazo.

É importante também que o vínculo entre os comitês semanais de gestão e o planejamento estratégico seja mantido e reforçado regularmente. Quando isso não acontece, essas reuniões podem facilmente se tornar um palco para a imposição de decisões de cima para baixo, revertendo para o modelo hierárquico tradicional que se busca superar com práticas de gestão compartilhada. O potencial de um fórum semanal para transformar a cultura organizacional e impulsionar o engajamento e a produtividade da equipe será plenamente realizado apenas se ele estiver integrado e alinhado com uma visão estratégica clara, quando cada reunião se torna uma oportunidade para refinar estratégias, ajustar planos de ação e garantir que a equipe não apenas entenda sua direção, mas esteja ativamente envolvida e comprometida com a realização dos objetivos da empresa.

Dinâmica do comitê de gestão semanal: práticas essenciais e efeitos transformadores

No contexto do Método 4 Leis®, o comitê de gestão semanal emerge como uma ferramenta necessária para o desenvolvimento e o engajamento de equipes. Durante essas reuniões, cada membro da equipe assume três compromissos individuais que se alinham diretamente com os objetivos do departamento. Esses compromissos reforçam o engajamento individual com o planejamento global, garantindo que todos estejam ativamente contribuindo para os objetivos da empresa.

Essas reuniões semanais são essenciais para assegurar que desvios sejam rapidamente identificados e corrigidos, mantendo a equipe no caminho certo para alcançar seus objetivos de modo eficiente. A implementação correta de algumas práticas é vital para o sucesso do comitê, e qualquer desvio pode significar diminuir a eficácia do encontro. São elas:

- **Participação coletiva:** uma das regras fundamentais do comitê de gestão semanal é que todos os participantes devem estar presentes simultaneamente. A natureza coletiva dessas reuniões garante que a prestação de contas ocorra de maneira pública, criando um ambiente onde o comprometimento e a transparência são não apenas incentivados, mas exigidos. Isso evita que as discussões se tornem fragmentadas ou que informações cruciais se percam em comunicações paralelas, garantindo que todos na equipe estejam alinhados e cientes das responsabilidades uns dos outros.

- **Prestação de contas pública:** cada membro da equipe reporta pessoalmente e em voz alta seus compromissos perante todos os colegas, além de assumir novos compromissos para a semana subsequente. Essa prática é deliberadamente projetada para cultivar uma postura de responsabilidade e visibilidade diante de toda a equipe. É comum que líderes, por instinto ou hábito, tentem intervir nesse processo. Esse comportamento pode ser indicativo de um estilo de liderança excessivamente centralizador. Corrigir essa dinâmica é essencial e envolve conscientizar os líderes sobre a importância de permitir que os liderados se expressem e assumam suas responsabilidades de modo independente.

- **Atribuição de peso e periodicidade:** cada compromisso assumido durante essas reuniões recebe um peso específico, atribuído pelo líder com base em sua importância estratégica para os objetivos da equipe e da organização. A determinação desses pesos é crucial para a gamificação do processo, incentivando uma competição saudável e um senso de urgência na execução das tarefas. Adicionalmente, o período para a execução desses compromissos é estritamente limitado a uma semana, uma prática que mantém o ritmo acelerado necessário para manter o engajamento e a motivação em níveis elevados.

- **Gamificação e feedback:** a gamificação ocorre por meio da pontuação que cada participante recebe, com base nos pesos previamente definidos pelos líderes. Essa abordagem não só faz com que cada semana seja uma oportunidade para os membros da equipe demonstrarem seu valor e contribuição, mas também proporciona um mecanismo claro e justo de feedback. Essa estrutura ajuda a transformar o trabalho em um processo mais dinâmico e envolvente, em que os resultados são visíveis e mensuráveis.

- **Efeitos transformadores na equipe:** a implementação do comitê de gestão semanal traz à tona vários fenômenos importantes na equipe. Primeiramente, a postura corporal e as expressões dos membros durante as reuniões podem rapidamente indicar quem está verdadeiramente engajado. Além disso, essas sessões proporcionam insights valiosos sobre o nível de maturidade e conhecimento de cada membro da equipe, destacando tanto as áreas que necessitam de desenvolvimento quanto aquelas em que a equipe excela. Outro impacto significativo é a autosseleção. Alguns membros que podem decidir deixar a equipe, geralmente aqueles que preferem não trabalhar sob um regime de transparência e responsabilidade elevadas. Por outro lado, membros da equipe cujos talentos estavam anteriormente ocultos ou não reconhecidos ganham uma plataforma para brilhar, o que pode levar a uma redistribuição de responsabilidades e a um novo alinhamento de tarefas.

O comitê de gestão semanal, conforme descrito no Método 4 Leis®, é mais do que uma reunião: é uma cerimônia semanal de alinhamento, avaliação e planejamento que fortalece os laços da equipe, clarifica objetivos e impulsiona a organização em direção à excelência. Ao seguir rigorosamente as práticas estabelecidas, as organizações podem transformar sua cultura, promovendo um ambiente onde a responsabilidade, o engajamento e a produtividade não são apenas esperados, mas naturalmente cultivados.

PowerKR®: a ferramenta para gestão de engajamento e resultados

No IBGL Brasil, identificamos uma lacuna significativa no mercado de ferramentas de gestão de engajamento de equipes, sobretudo aquelas focadas na entrega de resultados concretos. Muitas soluções disponíveis pareciam superficialmente medir o engajamento com base em interações cordiais por e-mail, expressões emotivas em avatares de ferramentas de comunicação interna ou participação em eventos corporativos. Reconhecemos que essas métricas, embora úteis para avaliar o clima organizacional, não capturavam a essência do verdadeiro engajamento: a atitude proativa do indivíduo em cumprir seus compromissos e suas responsabilidades, independentemente de instruções diretas de superiores.

Diante desse desafio, desenvolvemos o PowerKR®, um software inovador projetado especificamente para medir e gerenciar o engajamento de equipes com um enfoque decisivo na entrega de resultados. O PowerKR® permite uma avaliação detalhada do desempenho individual e coletivo, integrando indicadores de engajamento a métricas de produtividade. Essa ferramenta se tornou um elemento transformador para as empresas assistidas pelo IBGL Brasil, tanto no mercado nacional quanto internacional, proporcionando uma base sólida para correções de rota rápidas e eficientes, minimizando desperdícios de tempo e recursos.

A eficácia do software também inspirou uma evolução nas práticas de avaliação de desempenho e comportamento. Ao integrar dados quantitativos de entrega de resultados com indicadores qualitativos de engajamento, criamos um modelo de avaliação mais holístico e adaptado às exigências contemporâneas do mercado de trabalho. Essa abordagem não só realça as contribuições individuais em um contexto coletivo mas também incentiva uma cultura de responsabilidade e autogestão entre os membros da equipe.

É crucial destacar, no entanto, que, por ser uma ferramenta poderosa e eficaz, o PowerKR® serve como suporte ao elemento mais crítico de qualquer organização: a cultura de gestão. A tecnologia pode facilitar e otimizar processos, mas a verdadeira transformação ocorre por meio do desenvolvimento e da manutenção de uma cultura organizacional robusta, em que valores de engajamento, responsabilidade e colaboração são, além de incentivados, vivenciados diariamente.

Acesse para saber mais sobre o PowerKR®
https://powerkr.com.br/

Agora que vimos como colocar em prática algumas estratégias de engajamento, chegou o momento de descobrir como o aprendizado contínuo pode ajudar você nessa jornada para criar um time engajado e que entrega resultados em longo prazo. Vamos lá?

6

A IMPERATIVA NECESSIDADE DE DESENVOLVIMENTO E TREINAMENTO NAS EMPRESAS

Se a sua equipe é forte, você terá uma empresa forte.

A o visitar uma empresa pela primeira vez, um dos elementos que sempre observo com especial atenção é a existência e o estado das instalações dedicadas ao desenvolvimento de seus colaboradores, como uma sala de reuniões ou área de treinamentos. A presença e a condição dessas instalações podem dizer muito sobre o compromisso organizacional com a manutenção e o aprimoramento das competências dos colaboradores, refletindo a importância dada à educação contínua e ao desenvolvimento profissional. Vale lembrar que não é incomum encontrarmos empresas que não contemplam uma simples sala de reuniões em suas instalações.

Em uma experiência marcante durante minha carreira de consultoria, fui chamado para ajudar uma indústria que enfrentava sérias dificuldades relacionadas à falta de comprometimento das equipes, à alta rotatividade de funcionários e à estagnação nos resultados. A empresa, com faturamento anual de cerca de 200 milhões de reais e mais de trezentos colaboradores, estava claramente patinando em termos de performance. O desafio era implantar uma cultura de gestão com foco em engajamento e resultados. Durante a visita, o diretor tentou me mostrar a sala de treinamentos, mas ninguém sabia onde estavam as chaves. Quando finalmente encontradas, a abertura da porta revelou um cenário desolador: um espaço esquecido, com cheiro de mofo e visivelmente em desuso. Essa imagem de descaso, não apenas com o ambiente físico, mas principalmente com o desenvolvimento dos colaboradores, era um reflexo alarmante do estado geral da cultura da empresa.

Esse incidente sublinha um problema crítico: a manutenção e o aprimoramento da cultura de gestão são essenciais e devem ser uma prática contínua. Instalações para treinamento não são apenas um componente da infraestrutura, mas também um investimento no capital humano da empresa. Espaços negligenciados são um sinal claro de que o desenvolvimento profissional e a gestão do conhecimento não são priorizados, o que inevitavelmente tem repercussões diretas no desempenho da empresa no mercado.

É um equívoco comum acreditar que a responsabilidade pelo treinamento das equipes recai exclusivamente sobre o departamento de RH ou a área de treinamento e desenvolvimento. Essa visão distorcida pode impedir a eficácia dos programas de treinamento e desenvolvimento. Na verdade, a capacitação e a multiplicação do conhecimento em uma organização devem ser vistas como competências fundamentais de qualquer gestor ou diretoria. Treinar e desenvolver colaboradores não é uma função isolada, mas uma atividade central que deve permear todos os níveis de gestão.

A habilidade de um gestor em educar e capacitar sua equipe é crucial para o sucesso organizacional. Essa prática de desenvolvimento contínuo sustenta a competitividade e a inovação e deve ser um pilar central na atuação de qualquer líder. As empresas que adotam essa abordagem holística ao desenvolvimento de talentos não só melhoram sua eficiência operacional e capacidade de inovação como também cultivam um ambiente de trabalho mais motivador e produtivo. Ao transformar o treinamento em uma prática diária de liderança, as organizações podem garantir que estão verdadeiramente investindo em seu maior ativo: as pessoas.

A triste verdade é que essa visão de treinamento e o desenvolvimento de colaboradores ser algo exclusivo de um departamento predominam em muitas empresas. Essa perspectiva limitada pode levar a uma gestão do conhecimento ineficaz, que muitas vezes é relegada a um plano inferior nas prioridades estratégicas da empresa. No entanto, essa abordagem não apenas subestima a importância do desenvolvimento contínuo como também desconsidera o impacto significativo que uma capacitação efetiva pode ter sobre a produtividade e a performance global da organização.

Ao terceirizar a responsabilidade pelo desenvolvimento do conhecimento para um departamento específico, os líderes empresariais inadvertidamente criam uma barreira entre a gestão do conhecimento e as operações do dia a dia. Isso pode resultar em programas de treinamento que são desconectados das reais necessidades e desafios enfrentados pelos colaboradores em suas funções específicas. A consequência é um investimento em treinamento que, embora possa ser extenso, muitas vezes falha em traduzir-se em melhorias práticas de performance porque não está alinhado com os objetivos estratégicos da empresa ou com as necessidades individuais dos funcionários.

Em um ambiente de negócios que exige agilidade e adaptação constante, a gestão do conhecimento precisa ser uma prática contínua e integrada, envolvendo todos os níveis de liderança. Líderes em todos os departamentos devem ser habilitados e incentivados a identificar necessidades de desenvolvimento em suas equipes e a responder a elas proativamente, garantindo que o treinamento seja relevante e imediatamente aplicável.

As organizações que desejam alcançar e manter um alto nível de performance e produtividade devem tratar a gestão do conhecimento como uma competência fundamental da liderança, integrada às operações diárias e alinhada com a estratégia global. Isso não apenas melhora a eficiência e a eficácia do treinamento mas também fortalece a organização como um todo, cultivando um ambiente onde o aprendizado contínuo é parte integrante do trabalho de cada um, conduzindo à inovação contínua e ao crescimento sustentável.

No universo corporativo, a demanda por treinamentos focados em liderança não é diferente: a busca por atualizações é constante e diversificada, abrangendo desde habilidades técnicas específicas até competências comportamentais complexas. O tema já foi mais explorado por consultores e empresas de treinamento e possui bibliografias inteiras dedicadas a ele, e isso ocorre simplesmente porque não existe uma única instituição no planeta que não tenha a necessidade de ser liderada.

A razão para isso é simples: todas as empresas são movidas por pessoas e, como bem pontuou John Maxwell, "a tendência natural das equipes é retroceder". Isso significa que, sem uma liderança eficaz, as equipes podem gradualmente regressar a comportamentos menos produtivos e hábitos antigos, minando os avanços conquistados e a eficiência organizacional.

Portanto, se houver necessidade de escolher um ponto de partida para um programa de treinamento, esse ponto deve ser a formação de líderes. Ao investir em liderança, uma empresa investe em sua capacidade de se autoperpetuar e de se adaptar às mudanças do mercado internas com maior resiliência e eficácia.

O caso KONE

Um estudo excelente e emblemático sobre o impacto do investimento em liderança nos resultados é o caso da KONE Américas, uma líder global na indústria de elevadores e escadas rolantes. A KONE enfrentava desafios significativos, incluindo incidentes de segurança frequentes e falta de disciplina operacional, que impediam a empresa de alcançar seus objetivos ambiciosos de liderança no setor.

A KONE decidiu focar o desenvolvimento de lideranças como chave para transformar sua cultura organizacional e melhorar o desempenho geral. Com um processo intensivo de desenvolvimento de líderes que incluiu feedback aumentado, construção de confiança e melhoria da comunicação entre os setores, o esforço culminou em um evento de desenvolvimento de liderança de dois dias que envolveu os cem principais líderes da empresa, focando a direção estratégica e as mudanças de mentalidade necessárias para implementar o planejamento estratégico da KONE com sucesso.

Os resultados foram transformadores: a KONE experimentou uma diminuição de mais de 70% nos incidentes de segurança, triplicou os níveis de satisfação do cliente, alcançou níveis de engajamento dos funcionários comparáveis aos melhores do mundo e viu um aumento substancial em participação de mercado e lucratividade – ou seja, com o desenvolvimento de lideranças, é possível alinhar toda uma organização em torno de metas comuns e impulsionar o desempenho em todos os níveis.

Esse exemplo sublinha a importância crucial de programas de desenvolvimento de líderes como um compromisso estratégico que deve ser compartilhado por toda a liderança sênior da organização. Investir nesse desenvolvimento e formação é fundamental para impulsionar a inovação, a produtividade e a eficácia operacional da empresa. Mas... como estruturar um programa de desenvolvimento de liderança na prática? É isso que vamos ver agora.

Passo a passo para estruturar um programa de desenvolvimento de líderes

1. **Definição de competências-chave:** comece identificando as competências-chave que os líderes de sua organização precisam ter. Pode incluir habilidades como comunicação eficaz, pensamento estratégico, capacidade de motivar e engajar equipes, tomada de decisão baseada em dados e habilidades de gestão de conflitos.

2. **Avaliação das necessidades:** faça uma avaliação de necessidades para identificar as lacunas de competências entre os líderes atuais e as competências-chave previamente definidas. Isso pode ser feito por meio de feedbacks 360 graus, avaliações de desempenho e outras ferramentas de diagnóstico.

3. **Desenvolvimento de conteúdo personalizado:** com base nas necessidades identificadas, desenvolva conteúdos de treinamento personalizados que atendam às especificidades da sua empresa e dos seus líderes. Isso pode incluir workshops, seminários, módulos de *e-learning* e sessões de coaching.

4. **Implementação do treinamento:** implemente o programa de treinamento, assegurando que todos os líderes participem e se envolvam ativamente no processo de aprendizagem. Priorize metodologias que favoreçam a interação e a prática, como simulações, estudos de caso e projetos reais;

5. **Monitoramento e feedback:** acompanhe o progresso dos líderes por meio de avaliações regulares e contínuas do feedback *one-on-one*. Ajuste o programa conforme necessário para garantir que ele continue relevante e eficaz ao longo do tempo.

6. **Reforço e continuidade:** garanta que o aprendizado seja contínuo e que os líderes tenham oportunidades regulares para atualizar e expandir suas habilidades. Isso pode incluir sessões de reciclagem, mentorias e acesso a recursos de aprendizado contínuo.

Um programa de desenvolvimento eficaz e abrangente pode ser estruturado em oito módulos focados em áreas-chave para ampliar e aprimorar as competências de liderança na organização. A seguir, apresento um conteúdo programático que é embasado no Programa de Desenvolvimento de Líderes (PDL) que eu aplico nas empresas – resultado de mais de uma década de experiência e refinamento em meus programas de consultoria.

Ao longo dos últimos dezoito anos, esse programa foi cuidadosamente elaborado e implementado em diversas organizações com o objetivo de fortalecer as habilidades de liderança, promover o crescimento pessoal e profissional dos líderes e, consequentemente, melhorar os resultados das empresas. O PDL é mais do que um conjunto de módulos de treinamento: é uma estratégia integrada que considera a complexidade e a dinâmica do ambiente corporativo moderno. Por meio de uma abordagem prática e interativa, o programa aborda temas críticos como a inteligência emocional, a gestão de conflitos e a liderança situacional, equipando líderes com teorias e com ferramentas práticas aplicáveis no dia a dia.

Módulo	Objetivos	Conteúdo principal
1. Fundamentos da liderança	Introduzir conceitos básicos de liderança e diferenciar liderança de gerenciamento.	• Teorias de liderança. • Estilos de liderança. • Diferença entre liderança e gerenciamento.
2. Perfil comportamental	Capacitar líderes para compreender e analisar perfis comportamentais.	• Identificação de perfis comportamentais e suas aplicações práticas no ambiente de trabalho.
3. Liderança situacional	Ensinar líderes a adaptar seu estilo de liderança conforme a situação.	• Estilos de liderança situacional. • Simulações práticas.
4. *People Analytics*	Mostrar como usar dados para melhorar a gestão de pessoas.	• Fundamentos de *People Analytics*. • Análise de dados para melhoria de desempenho.
5. Estratégias de feedback	Desenvolver habilidades para dar e receber feedback eficaz.	• Técnicas de feedback construtivo. • Prática de sessões de feedback.
6. Gestão de conflitos	Preparar líderes para gerenciar conflitos eficazmente.	• Identificação e métodos de resolução de conflitos.
7. Desenvolvimento de equipes de alto desempenho	Ensinar como formar e sustentar equipes de alto desempenho.	• Técnicas de *team building*. • Estratégias de manutenção de desempenho.
8. Inteligência emocional	Orientar líderes no desenvolvimento de competências emocionais para melhorar a liderança.	• Compreensão e gerenciamento de emoções. • Aplicação de inteligência emocional no ambiente de trabalho.

O PDL é meticulosamente projetado para garantir não apenas a aquisição de conhecimento mas também a aplicação prática e a avaliação de resultados ao longo de um período de oito meses. Esse período estendido permite uma verdadeira transformação nos comportamentos e nas habilidades de liderança, algo fundamental para um impacto duradouro nas organizações.

Cada módulo é seguido por um período de implementação prática, onde os líderes são encorajados a aplicar as ferramentas e conceitos aprendidos em seus ambientes de trabalho. Após a fase de aplicação, o próximo encontro do programa serve como uma sessão de revisão e feedback. Durante essas sessões, discutimos os resultados alcançados, os desafios enfrentados e as lições aprendidas com a aplicação das ferramentas. Esse ciclo de aplicação e revisão não apenas reforça o aprendizado mas também promove uma cultura de melhoria contínua e autorreflexão entre os líderes.

A ênfase na aplicabilidade prática ao longo do programa garante que o PDL transcenda a teoria. Por meio dessa abordagem, os líderes não apenas aprendem novas habilidades como também desenvolvem a capacidade de implementá-las efetivamente, garantindo que as melhorias no desempenho da liderança sejam tangíveis e mensuráveis. O sucesso do PDL está intimamente ligado à sua estrutura que combina ensino, prática e avaliação contínua, características que asseguram que cada líder possa se desenvolver não só como um gestor eficaz mas também como um agente de mudança capaz de levar a empresa a alcançar novos patamares de sucesso e inovação.

Como insight final deste capítulo, é vital entender que a transformação começa com a mudança de perspectiva. Treinamento e desenvolvimento devem ser vistos não como custos, mas como investimentos vitais no capital humano que, quando bem geridos, conduzem ao crescimento exponencial da empresa. Assim, cada líder, cada gestor e cada profissional de RH devem se ver como multiplicador de conhecimento, cuja missão é desenvolver continuamente as competências que conduzirão a organização a novos patamares de sucesso. Encorajo a todos que assumam esse papel ativamente, integrando a aprendizagem e o desenvolvimento no DNA da cultura organizacional.

7

RETENÇÃO E RECOMPENSA

A rotatividade de funcionários é uma questão complexa que traz custos significativos para qualquer empresa – e, frequentemente, o verdadeiro impacto desses custos é subestimado. Muitas organizações tendem a focar os gastos imediatos associados à rotatividade, como verbas rescisórias e custos de recrutamento. No entanto, o verdadeiro desperdício, muitas vezes oculto e mais prejudicial, é a perda de produtividade e de oportunidades de faturamento quando um cargo não é ocupado por alguém competente e plenamente engajado.

Existem vários fatores que podem levar a uma alta rotatividade, desde uma cultura organizacional tóxica até a falta de um plano de carreira atraente que incentive os colaboradores a permanecer e crescer na empresa. Embora certo grau de rotatividade seja natural e até mesmo necessário para a renovação da força de trabalho, é crucial distinguir entre a rotatividade saudável e aquela que sinaliza problemas mais profundos na gestão de talentos.

Um exemplo claro do custo oculto da rotatividade pode ser visto na experiência que eu tive ao realizar um programa de consultoria em uma concessionária de veículos. Quando cheguei, havia um vendedor recém-contratado que levou cinco meses para ser avaliado quanto à sua adequação ao cargo. Durante esse período, sua performance abaixo do ideal significou que várias oportunidades de venda foram perdidas. Quando finalmente decidiram encerrar seu contrato, o custo de não ter o funcionário certo naquela posição já havia excedido em muito o salário pago a ele. Estamos falando de múltiplos salários que poderiam ter sido gerados em receita adicional para a concessionária se a posição tivesse sido ocupada por uma pessoa competente desde o início.

Esse caso ilustra um ponto crucial: o maior desperdício na rotatividade não são os custos de demissão ou de contratação, mas o potencial de receita que não é realizado em razão da ocupação inadequada das vagas. Isso sublinha a importância de um processo de seleção e integração eficaz, assim como o desenvolvimento contínuo dos funcionários por meio de um plano de carreira bem-estruturado que os mantenham engajados e preparados para enfrentar os desafios do cargo. Implementar estratégias que minimizem a rotatividade desnecessária e garantam que cada posição seja rapidamente ocupada por alguém capaz e engajado pode transformar um desafio de gestão em uma vantagem competitiva significativa.

Tão fundamental quanto atrair talentos para uma organização é a habilidade de reter esses talentos, criando uma cultura que não apenas os mantenha mas também desperte o desejo de construir uma carreira duradoura e produtiva. Vale destacar que essa maestria não surge do dia para a noite, mas é o resultado de esforços consistentes e estratégicos ao longo do tempo. No entanto, com a orientação correta e com ferramentas adequadas é possível abreviar essa curva de aprendizado.

Esse desafio se torna ainda mais crítico à medida que as gerações mais jovens entram na força de trabalho com expectativas diferentes em relação ao desenvolvimento de carreira e satisfação no trabalho. Empresas de sucesso reconhecem que a retenção de talentos é tão crítica quanto a atração.

Um aspecto crítico do sucesso em retenção de talentos é o desenvolvimento de sistemas eficazes de reconhecimento e recompensa. Estudos indicam que empresas que implementam programas robustos de recompensa e reconhecimento não só elevam o engajamento e a satisfação dos colaboradores mas também observam melhorias substanciais em produtividade e lucratividade. Por exemplo, uma pesquisa da Gallup mostra que organizações com programas fortes de reconhecimento registram uma diminuição significativa na rotatividade de funcionários e um aumento correspondente na produtividade e rentabilidade.[21]

---

[21] A RELAÇÃO entre reconhecimento de funcionários e a construção de uma cultura positiva. **Psicosmart**, São Paulo, 11 set. 2024. Disponível em: https://psicosmart.pro/pt/blogs/blog-a-relacao-entre-reconhecimento-de-funcionarios-e-a-construcao-de-uma-cultura-positiva-157519. Acesso em: 04 out. 2024.

Entretanto, muitas empresas cometem erros importantes na implementação desses programas. Alguns equívocos mais comuns incluem a falta de personalização dos reconhecimentos e o não alinhamento das recompensas com os verdadeiros valores e objetivos da empresa. A eficácia de um sistema de recompensa também é amplamente dependente de sua relevância e visibilidade para todos na organização.

Além disso, é essencial compreender a diferença entre premiar o esforço *versus* premiar o resultado. Ambas as abordagens têm seus méritos e podem influenciar a cultura organizacional de maneiras distintas. Premiar esforços pode incentivar a inovação e a tomada de risco saudável, ao passo que focar resultados pode direcionar esforços e melhorar a eficiência operacional. A escolha entre um e outro deve refletir a missão, os valores e os objetivos estratégicos da empresa.

Ainda nesse contexto, também é vital a implementação de planos de carreira bem-estruturados que clarifiquem os caminhos de avanço e desenvolvimento na organização. Planos de carreira eficazes são ferramentas poderosas para melhorar a retenção e o engajamento, pois mostram aos colaboradores uma trajetória clara de crescimento e desenvolvimento pessoal e profissional.

Quando se trata de permanecer em uma empresa, eu acredito que haja uma lista de prioridades que os colaboradores levam em consideração. E isso é crucial para que as organizações possam ajustar suas estratégias e criar um ambiente de trabalho atrativo para manter seus valiosos funcionários. Veja a seguir os fatores que, para mim, são os mais valiosos, por ordem de importância:

1º lugar: perspectiva de carreira

O colaboradores buscam lugares onde veem possibilidade de crescimento pessoal e profissional. Ou seja, um plano de carreira é fundamental para que o colaborador tenha perspectivas claras de que aquele lugar é um lugar para trilhar uma jornada. Muitas empresas são conhecidas por proporcionar amplas oportunidades de crescimento por meio de programas internos de treinamento e promoções, tornando-se, assim, um local desejado para se trabalhar.

2º lugar: clima organizacional

Um ambiente de trabalho saudável e acolhedor é essencial para manter os colaboradores satisfeitos e motivados. Importante frisar, contudo, que fomentar um clima organizacional positivo e saudável não implica a criação de um ambiente excessivamente romântico ou infantilizado. O objetivo é estabelecer um ambiente justo e extremamente exigente, onde a justiça prevalece tanto nas expectativas como nas recompensas. É indispensável que esse equilíbrio entre exigência e justiça seja bem administrado para assegurar que os colaboradores se sintam desafiados e recompensados de maneira adequada. A criação de um clima organizacional que valorize a meritocracia e a equidade é fundamental para qualquer empresa que busca sucesso e crescimento sustentável.

3º lugar: relacionamento com líderes

Um bom líder não apenas gerencia mas também inspira e apoia sua equipe. Líderes que se conectam efetivamente com suas equipes e reconhecem suas contribuições individuais constroem uma base sólida para o sucesso duradouro e o crescimento contínuo da organização. É muito comum um funcionário pedir demissão por causa da liderança.

4º lugar: salário

Surpreendentemente, o salário apareceu apenas em quarto lugar na lista de prioridades, o que sublinha a importância de outros aspectos intangíveis do ambiente de trabalho na retenção de talentos. Embora uma compensação justa seja essencial, ela por si só não é suficiente para manter um funcionário se outros aspectos fundamentais não estiverem sendo atendidos.

Essas prioridades sugerem uma mudança de paradigma no mundo corporativo: os colaboradores valorizam, acima de tudo, o potencial de crescimento e o ambiente em que trabalham. Isso se torna ainda mais importante no contexto moderno, em que as pessoas valorizam intensamente seu estilo de vida e buscam ambientes de trabalho que não apenas ofereçam benefícios tangíveis mas também respeitem suas aspirações pessoais e profissionais. As empresas devem se adaptar para serem vistas, além de simples locais de trabalho, como espaços onde os funcionários podem realmente crescer e realizar seus projetos de vida.

A importância dessa adaptação é algo que eu sempre enfatizo em todas as entrevistas de emprego em que participo, ao fazer uma pergunta específica aos candidatos: "qual é o seu projeto de vida? Para onde você está indo com sua carreira?". Essas perguntas reveladoras não só me ajudam a entender melhor o candidato como também a avaliar se seus objetivos e aspirações estão alinhados com os da empresa. Ao longo dos anos, essa abordagem me permitiu economizar tempo e recursos, pois em várias ocasiões as respostas me mostraram que, independentemente das competências do candidato, a incompatibilidade entre seus projetos de vida e os objetivos da empresa inevitavelmente levaria à sua saída prematura. O melhor momento para demitir alguém é, sem dúvidas, na entrevista de emprego; afinal, é melhor não preencher a vaga do que avançar alguns dias e desperdiçar recursos com a pessoa errada.

Atrair e reter talentos no mundo corporativo contemporâneo daqui para frente será um desafio cada dia maior, as empresas precisarão se reinventar como verdadeiros ecossistemas, onde os colaboradores não só trabalham, mas também vivem parte de seus sonhos e aspirações no ambiente corporativo. Isso implica uma gestão holística de talentos que considera as necessidades e os desejos dos colaboradores tão seriamente quanto os objetivos de negócio da empresa.

Quando a rota de crescimento em uma organização não está claramente definida, as pessoas vão embora.

A importância do plano de carreira no engajamento e na retenção da equipe

Muitas vezes, líderes e gestores de empresas vêm até mim com uma preocupação recorrente: justamente quando suas equipes começam a atingir um nível de alta performance ou parece que estão ficando completas, um ou mais de seus membros decide sair. Essa situação pode ser frustrante e levar à pergunta: "Como posso reter talentos eficazmente?".

Embora não exista uma receita pronta e infalível para a retenção de funcionários – já que cada indivíduo e cada contexto organizacional tem suas especificidades –, um ponto de partida eficaz que costumo recomendar é o desenvolvimento de um plano de carreira robusto e transparente. Esse plano serve não apenas para mapear o crescimento profissional dentro da empresa, mas também para mostrar aos colaboradores que há um caminho claro e promissor à frente, alinhado com suas aspirações e contribuições para a organização.

Um bom plano de carreira pode ancorar os talentos dentro da empresa. Isso acontece porque quando os colaboradores percebem que suas trajetórias profissionais são levadas a sério e que a empresa está investindo em seu crescimento, eles ficam mais propensos a permanecer, contribuir para o sucesso coletivo e investir seu tempo, esforço e lealdade. Essa estratégia não apenas reduz a rotatividade, mas também fortalece a equipe, pois os membros se sentem valorizados e entendem que seus esforços e conquistas são reconhecidos.

É muito comum que as empresas percam bons talentos por falta de perspectivas, ou seja, o funcionário pede demissão porque não está clara a rota de crescimento que a empresa pode oferecer. Afinal, fica difícil decidir se ali é um bom lugar para passar a vida sem saber qual é a rota daquela empresa.

Um plano de carreira eficaz serve como bússola para os colaboradores, mostrando não apenas onde eles estão na organização, mas para onde podem ir e como chegar lá. Esse plano precisa ser mais do que uma lista de possíveis promoções, ele deve ser um mapa detalhado que inclua desenvolvimento de habilidades, oportunidades de aprendizado e critérios claros de progressão. Quando os colaboradores veem que existem caminhos tangíveis e realizáveis para o crescimento dentro de sua empresa, eles são mais propensos a investir seu tempo, esforço e lealdade.

Os planos de carreira são fundamentais para reter talentos, e atingem em cheio este propósito. Eles demonstram o compromisso da empresa com o desenvolvimento pessoal e profissional de sua equipe, contribuindo para uma menor rotatividade. Os colaboradores veem um caminho de progresso claro dentro da empresa e ficam menos propensos a procurar oportunidades externas, proporcionando à organização uma força de trabalho mais estável e comprometida.

Plano de carreira é apenas coisa de empresa grande?

Ao discutir a importância de um plano de carreira, é essencial entender que esse conceito não se aplica exclusivamente a grandes corporações com departamentos de recursos humanos sofisticados. Planos de carreira são igualmente vitais para pequenas empresas, em que a estrutura pode ser composta apenas do proprietário e de alguns poucos colaboradores.

Mesmo que você tenha uma pequena equipe, apresente a ela seu sonho, deixe claro para onde você está indo com seu projeto ou com sua empresa e mostre onde eles se encaixam no projeto quando o sucesso chegar – isso também é plano de carreira. Embora em uma visão mais simplificada, pode ser profundamente impactante, oferecendo direção e motivação mesmo em escala menor. Fazer isso não apenas ajuda a atrair talentos que estão em busca de um propósito e de um papel ativo no crescimento de um negócio, mas também apoia a retenção desses talentos à medida que a empresa evolui.

Pequenas empresas muitas vezes oferecem rotas de carreira menos formais, mas não menos significativas. Nesses contextos, o plano de carreira pode não envolver múltiplas camadas de promoção, mas pode focar a expansão de habilidades, o aumento de responsabilidades e a participação nos resultados da empresa. A chave é a clareza com que essas oportunidades são comunicadas e a sinceridade com que são oferecidas. Para muitos profissionais, a chance de desempenhar um papel crucial em uma empresa em crescimento é tão atraente quanto – ou até mais do que – a perspectiva de ascender por meio de uma hierarquia corporativa mais tradicional.

Como construir um plano de carreira

A implantação de um plano de carreira em qualquer organização é um projeto que deve ser abordado com cautela e planejamento. Inicialmente, é fundamental que o plano seja tão simples quanto possível, de modo que garanta que todos na organização possam compreendê-lo sem dificuldades. Essa simplicidade ajuda a promover uma adesão mais ampla. Ele também precisa ser robusto o suficiente para não requerer revisões constantes, o que poderia comprometer sua eficácia e sua confiabilidade.

Agora, chegou o momento de entender como estruturar esse processo na prática. Meu objetivo aqui é elevar o nível de consciência de cada leitor sobre a importância de um plano de carreira e, embora as orientações aqui apresentadas possam ser extremamente úteis, a implementação de um plano de carreira eficaz pode exigir uma assistência mais detalhada e personalizada. A seguir, demonstrarei a estruturação de um plano de carreira em cinco etapas:

1. **Mapear e estruturar a definição de cargos.**

   O mapeamento ajuda a garantir que todos os cargos na empresa sejam claramente identificados e documentados. Surpreendentemente, é comum em nossos programas de consultoria nos depararmos com colaboradores que não têm certeza sobre os próprios cargos. Esclarecer essa informação reduz ruídos e alinha as expectativas e responsabilidades de cada um na empresa.

   Mapear cargos para um plano de carreira é diferente de realizar descrições detalhadas de cargos. Para o plano de carreira, o foco está em identificar e nomear cada posição dentro da organização, sem necessariamente entrar nos detalhes minuciosos das funções de cada cargo. Por exemplo, cargos como "desenvolvedor *front end*", "auxiliar de produção nível 1", "gerente de vendas" e "analista de recursos humanos" são identificados pelo nome e possivelmente por um breve resumo de suas funções principais, que ajudam a entender sua posição na hierarquia e trajetória de carreira na empresa.

   Durante o processo de mapeamento, pode-se descobrir que certos cargos que são cruciais para a evolução futura da empresa ainda não existem. Por exemplo, com o avanço da tecnologia, pode ser necessário criar cargos como "especialista em segurança cibernética" ou "analista de dados", que são essenciais para a modernização e a segurança da empresa. Ao mesmo tempo, alguns cargos podem ter se tornado menos relevantes ou redundantes em razão de mudanças tecnológicas ou reestruturações internas, e podem precisar ser removidos ou fundidos com outras funções.

   Planeje os cargos em categorias e subcategorias que reflitam a estrutura organizacional da empresa. Por exemplo, você pode dividir os cargos por departamentos (como marketing, finanças, operações) e subcategorias por especializações ou níveis (como analista júnior, analista sênior, gerente). Essa organização hierárquica ajuda a visualizar os caminhos de promoção em cada departamento e facilita a gestão de desenvolvimento de carreira.

Crie documentos ou uma base de dados centralizada em que todos os cargos mapeados estejam listados com descrições breves que incluam suas principais responsabilidades e os requisitos para cada posição. Certifique-se de que essa documentação seja facilmente acessível a todos os líderes de equipe e colaboradores pertinentes, o que pode ser alcançado por meio de um portal interno da empresa ou de uma rede compartilhada.

2. **Estruturar os níveis dos cargos.**

Após a cuidadosa definição dos cargos, a próxima fase crucial na construção de um plano de carreira efetivo é a estruturação dos níveis desses cargos, organizando-os hierárquica ou funcionalmente. Essa organização é vital, pois fornece aos colaboradores uma visão clara das possíveis trajetórias de carreira dentro da empresa. A clareza nessa progressão não só engaja os funcionários mas também ajuda a gerenciar expectativas e promover o desenvolvimento profissional de maneira estruturada.

Ao estruturar os cargos em níveis, é essencial estabelecer critérios claros e objetivos. Esses critérios geralmente incluem a complexidade das tarefas realizadas, o grau de responsabilidade assumida, a liderança necessária e o conhecimento técnico exigido.

Estruturar os cargos em níveis não só ajuda na organização interna, mas também no alinhamento das expectativas de carreira dos colaboradores com os objetivos da empresa. Além disso, uma estrutura clara de níveis ajuda a garantir que as promoções e as recompensas sejam embasadas em mérito e conquistas claras, promovendo um ambiente de trabalho mais justo e motivador. Essa abordagem não apenas retém talentos mas também os incentiva a crescer com a organização, maximizando seu potencial e o da empresa.

3. **Estruturar as faixas salariais.**

A definição de faixas salariais compatíveis para cada nível ajuda a garantir que os salários na empresa sejam justos – e, quando me refiro a ser justo, estou me referindo tanto para a empresa quanto para o funcionário – e proporcionais ao valor que cada cargo traz para a organização. Essa prática não apenas aumenta a satisfação e o engajamento dos colaboradores mas também ajuda a prevenir disparidades salariais que podem levar a questões legais e de moral. Além disso, uma estrutura salarial bem-definida e transparente auxilia no recrutamento e na retenção de talentos, pois demonstra que a empresa valoriza a justiça e a igualdade de oportunidade no tratamento de seus funcionários.

Ao estruturar ou ajustar as faixas salariais, muitas empresas se deparam com o desafio de alinhar os salários atuais com os novos padrões estabelecidos. Não é incomum encontrar posições ou indivíduos cujos salários estão significativamente acima ou abaixo do padrão de mercado. Isso pode ocorrer por causa de políticas salariais anteriores não estruturadas, aumentos ou a valorização diferenciada de certas habilidades ao longo do tempo. Corrigir esses desequilíbrios requer um processo cuidadoso, que deve ser feito de maneira transparente e justa para evitar descontentamento ou problemas legais.

A implementação de uma política salarial estruturada em empresas que estão em fase de crescimento, por exemplo, apresenta desafios únicos, sobretudo quando se trata de gerenciar discrepâncias salariais que surgiram por causa de negociações fora do padrão. Essas negociações, muitas vezes realizadas nas etapas iniciais da empresa, refletem a necessidade de atrair talentos estratégicos rapidamente, mas podem resultar em salários significativamente diferentes para cargos semelhantes à medida que a empresa cresce e amadurece.

Para empresas menores, a contratação de profissionais seniores em vez de juniores pode parecer contraintuitiva em razão do custo inicialmente mais alto. No entanto, a realidade é que as pequenas empresas frequentemente não têm o luxo de permitir uma longa curva de aprendizado. Erros na fase inicial podem ser extremamente custosos e até mesmo fatais para a sustentabilidade do negócio. Portanto, investir em talentos seniores com a capacidade de operar de maneira eficaz desde o início é uma estratégia que pode oferecer melhores retornos no longo prazo.

O Dilema das negociações iniciais

Em muitos casos, startups ou empresas em fase inicial não têm escolha senão oferecer pacotes salariais atraentes para trazer especialistas seniores que possam impulsionar rapidamente o crescimento da empresa. Esses primeiros profissionais trazem consigo habilidades críticas e experiência que podem ajudar a empresa a superar desafios iniciais significativos.

À medida que a empresa se expande e implementa políticas salariais mais regulares e equitativas, surgem desafios em torno da integração das discrepâncias salariais existentes no novo sistema. Por um lado, é crucial manter a equidade para garantir a satisfação e o engajamento dos funcionários. Por outro, ajustar os salários de colaboradores que foram contratados em termos mais generosos pode levar a descontentamento ou até à perda de talentos valiosos.

Uma estratégia eficaz para lidar com discrepâncias salariais durante a transição para uma política salarial padronizada pode incluir a implementação gradual de ajustes. Por exemplo, a empresa pode decidir congelar temporariamente aumentos salariais para posições com salários acima da média do mercado até que o resto da estrutura salarial os alcance. Alternativamente, bônus ou benefícios adicionais podem ser usados para compensar ajustes salariais onde reduções são necessárias.

A implementação de uma política salarial estruturada é um passo crítico para qualquer empresa em crescimento. Embora administrar discrepâncias salariais e transições possa ser desafiador, é um processo necessário para garantir a equidade, motivar o engajamento dos funcionários e posicionar a empresa para o sucesso sustentável. Essas práticas não apenas ajudam a atrair e reter talentos, mas também a fortalecer sua reputação como um empregador desejável.

Devido à complexidade envolvida na definição e ajuste das faixas salariais, e por estarem frequentemente sujeitas a legislação trabalhista específica, é altamente recomendável que as empresas busquem a orientação de profissionais especializados em remuneração e legislação trabalhista. Eles podem oferecer insights valiosos quanto a práticas de mercado, e ainda ajudar a empresa a se manter competitiva e garantir que todos os ajustes salariais estejam em conformidade com as leis vigentes.

Vamos para alguns exemplos de como construir esta etapa? Pense em uma empresa de tecnologia. Um analista de sistemas júnior pode ter uma faixa salarial inicial baseada em suas responsabilidades limitadas de manutenção de sistemas. À medida que avança para ser analista de sistemas sênior, que assume projetos mais complexos e lidera equipes, sua faixa salarial aumenta significativamente para refletir suas maiores responsabilidades e impacto direto na operação da empresa.

Mais um exemplo, agora em uma firma de contabilidade . Um auxiliar contábil pode começar com um salário compatível com suas tarefas de entrada de dados e reconciliação de contas. Porém, ao se tornar contador sênior, responsável pela formulação de estratégias fiscais e pelo contato direto com clientes, sua faixa salarial é ajustada para refletir a necessidade de uma expertise mais aprofundada e um impacto maior nos resultados da empresa. A correta estruturação das faixas salariais é fundamental para o sucesso de um plano de carreira, e isso impacta diretamente no engajamento. Ao abordar essa tarefa com o rigor e a precisão necessários, e com a ajuda adequada de especialistas, as empresas podem assegurar que estão criando um ambiente de trabalho justo e propício ao crescimento mútuo.

Após a definição das faixas salariais, a organização se depara com dois cenários distintos: um retratando as faixas salariais atuais e outro projetando as faixas salariais futuras. Esse processo de diferenciação serve a dois propósitos essenciais para a gestão estratégica da empresa. E chega o momento de montar a parte mais impactante para a sustentabilidade financeira da empresa: um estudo de impacto financeiro. Ao comparar as faixas salariais atuais com as projetadas, a empresa pode avaliar o custo total de implementação desse processo. Isso envolve calcular o aumento potencial na folha de pagamento, considerando promoções, ajustes salariais para retenção de talentos e atração de novos colaboradores conforme a empresa cresce e suas necessidades evoluem.

4. **Definir critérios de avaliação.**
   Em todos os programas de consultoria que conduzo, eu prefiro orientar a estruturação dos planos de carreira com base em apenas quatro critérios específicos que considero essenciais: desempenho individual, competências comportamentais, tempo de empresa, formação educacional e experiência na função. Mas é claro que os critérios de avaliação deverão ser construídos e discutidos pela liderança da empresa considerando o que fará mais sentido.

Vamos aos meus exemplos:

- **Desempenho individual de performance:** análise geral do desempenho do colaborador, levando em conta as habilidades técnicas (hard skills) e as competências comportamentais (soft skills). Por meio dessa abordagem integrada, busca-se uma visão holística do colaborador, considerando não apenas suas realizações tangíveis, como cumprimento de metas, mas também sua capacidade de se comunicar, colaborar e se adaptar ao ambiente de trabalho.
- **Tempo de empresa:** a avaliação do tempo de serviço na empresa pode ser um fator para promoções, pois reflete a experiência acumulada e o compromisso do funcionário com a organização.
- **Escolaridade e formações continuadas:** incluir critérios como nível de educação formal e de aprendizado contínuo indica o comprometimento do funcionário com o próprio desenvolvimento e capacitação, o que é fundamental em ambientes de trabalho que evoluem rapidamente.
- **Tempo de experiência na função:** considerar o tempo de experiência na função atual ajuda a avaliar a profundidade do conhecimento e das habilidades específicas adquiridas, assim como a maturidade profissional no desempenho das atividades.

Avaliações de desempenho eficazes são aquelas que consideram uma combinação equilibrada de todos esses fatores, permitindo uma visão holística do desempenho do colaborador. Isso não só facilita uma avaliação justa, como também direciona os esforços de treinamento e desenvolvimento de maneira mais estratégica, maximizando o retorno sobre o investimento em capital humano.

No planejamento de desenvolvimento de carreira proposto aqui, os quatro critérios explicados são fundamentais para garantir que o crescimento profissional esteja alinhado com as necessidades da organização e com o mérito individual. E somente quando atingir 100% deles que o colaborador passa para o próximo nível em sua carreira – esse sistema visa não apenas promover a meritocracia mas também preparar os colaboradores para assumirem responsabilidades maiores de modo eficaz.

No quadro a seguir, você verá como é esse processo na prática.

Atividades	Experiência	Júnior	Pleno	Sênior	Master	Especialista	Pontuação
	Atividades de baixa complexidade, com ou sem experiência anterior, e necessitam de aprovação de superiores para todos os projetos.	Atividades de média complexidade, que necessitam de experiência anterior e aprovação de superiores em todos os projetos.	Atividades mais complexas, que exigem conhecimento aprofundado. O profissional pleno toma decisões em conjunto com superiores.	Atividades de alta complexidade, exigem conhecimentos especializados. O profissional tem autonomia para decidir, não ocorre retrabalho, toma decisões financeiras positivas e recebe bom feedback do cliente.	Atividades altamente especializadas, tem total autonomia para decidir. Não ocorre retrabalho, toma decisões financeiras positivas, recebe bom feedback do cliente, coordena uma área ou cliente, orientando trabalho em equipe.	Atividades altamente especializadas, tem total autonomia para decidir. Não ocorre retrabalho, toma decisões financeiras positivas, recebe bom feedback do cliente, coordena uma área ou cliente orientando trabalho em equipe.	

Avaliação individual	—	Acima de 80	Acima de 80	Acima de 90	Acima de 90	Acima de 90	8.9
A avaliação de desempenho será o instrumento que aferirá a performance dos profissionais da empresa, nas competências deles requeridas, exigindo no mínimo pontuação 80.							
Graduação	—	Técnico ou superior incompleto	Técnico ou superior incompleto	Superior ou técnico completo	Superior + adicionais	Superior + adicionais	
		Deve estar cursando técnico ou superior.	Deve estar cursando técnico ou superior.	Deve ter curso técnico ou superior completo.	Deve ter curso técnico ou superior completo + especialização, pós, MBA.	Deve ter curso técnico ou superior completo+ especialização, pós, MBA, mestrado, doutorado.	
Tempo de empresa	3 meses	1 a 3 anos	3 a 5 anos	5 a 7 anos	7 a 9 anos	Acima de 9 anos	
Tempo necessário para preencher os requisitos de promoção.							
Experiência na função ou área	—	24 a 48 meses	48 a 72 meses	72 a 96 meses	72 a 120 meses	Acima de 120 meses	
Tempo de know-how na área/função em que labora atualmente na empresa, sendo contabilizado os trabalhos realizados na empresa ou em outro lugar da mesma área/função.							

É importante deixar claro ao funcionário ou candidato que a progressão para um nível superior não é automática, mesmo quando todos os critérios são plenamente atendidos. A movimentação para o próximo nível está também condicionada à disponibilidade de vagas ou à criação de novos cargos que necessitem dessas competências específicas, evitando frustrações e alinhando as expectativas dos colaboradores com as possibilidades de crescimento efetivo na organização.

5. O grande lançamento.

O verdadeiro desafio muitas vezes reside no lançamento e na comunicação desse plano aos colaboradores. Muitas empresas investem recursos significativos na construção de um plano de carreira sólido, mas falham no momento crucial de lançá-lo, o que pode resultar em um grande desperdício de tempo e recursos se não for feito corretamente. O lançamento do plano de carreira deve ser tratado como um evento significativo dentro da empresa, marcando um novo capítulo na cultura organizacional. Um grande evento não apenas chama a atenção para a importância do plano mas também serve para celebrar o compromisso da empresa com o desenvolvimento de seus colaboradores. Isso inclui a criação de materiais de comunicação como folhetos, vídeos explicativos e postagens regulares na intranet da empresa.

O endomarketing, ou marketing interno, é fundamental para garantir que o plano de carreira seja percebido como uma valorização genuína dos colaboradores. As ações devem destacar como o plano de carreira pode beneficiar diretamente os colaboradores em termos de crescimento profissional, satisfação no trabalho e oportunidades de avanço

Após o lançamento, é importante monitorar a receptividade e o impacto do plano de carreira continuamente. Essa fase de feedback é crucial para o ajuste contínuo e a melhoria do plano de carreira. Ao dar a devida importância ao plano de carreira, as empresas podem maximizar o retorno sobre o investimento em suas pessoas, apoiando não só o crescimento individual dos colaboradores mas também o sucesso organizacional como um todo.

A retenção de talentos precisa fazer parte da sua estratégia de negócio

Vesting e *stock option* ou *partnership*

Em empresas de menor porte, a contratação de pessoal sênior em vez de júnior pode parecer um contrassenso já que ela, em teoria, não teria caixa para contratar profissionais qualificados, mas isso pode ser uma estratégia crucial para o sucesso e estabilidade do negócio. Isso se deve ao fato de que profissionais mais experientes já possuem uma vasta bagagem de conhecimentos e habilidades práticas, que são essenciais para gerenciar desafios complexos e tomar decisões cruciais com maior velocidade.

Em um ambiente empresarial onde cada membro da equipe frequentemente assume múltiplas funções, o que é comum em empresas menores, a presença de um profissional sênior pode significar uma curva de aprendizado mais curta e uma capacidade maior de contribuição imediata, o que é fundamental para o dinamismo e a capacidade de resposta que pequenas empresas precisam para se adaptar e crescer no mercado competitivo.

Além disso, o custo de um erro ou de uma decisão mal-informada pode ser desproporcionalmente alto para uma pequena empresa, o que torna ainda mais valiosa a experiência que os profissionais seniores trazem. Esses indivíduos não só aceleram o processo de integração e eficiência operacional, mas também enriquecem a cultura organizacional com práticas e perspectivas que só vêm com anos de experiência no campo. Contratar alguém menos experiente pode parecer economicamente viável a curto prazo, mas as pequenas empresas, em particular, precisam olhar além do custo imediato e considerar o valor agregado e o potencial de longo prazo que um profissional sênior pode oferecer.

A retenção ou atração de talentos qualificados é um desafio constante para empresas de todos os tamanhos, mas especialmente para pequenas empresas que podem não ter a capacidade financeira de oferecer salários competitivos. Em face dessas limitações, uma abordagem estratégica pode envolver a oferta de participação acionária na empresa, que serve não só como um incentivo financeiro a longo prazo, mas também como um sinal de confiança e compromisso com os colaboradores. Esse tipo de abordagem não apenas ajuda a proteger esses talentos das ofertas do mercado, mas também cultiva um ambiente onde o senso de propriedade e comprometimento é amplamente elevado, onde os colaboradores investem no sucesso de longo prazo da organização. Isso pode ser efetivamente implementado por meio de três modelos mais conhecidos de contratos para esse fim: o de *vesting*, o de *stock option* ou o de *partnership*.

Implementar tais estratégias requer um planejamento cuidadoso e um entendimento claro dos objetivos estratégicos da empresa, além de uma comunicação eficaz com os colaboradores para garantir que os benefícios e responsabilidades sejam claramente compreendidos. Vamos conhecer cada um deles e suas devidas aplicações, mas antes preciso ressaltar algumas considerações importantes sobre sociedade.

Convidar membros da equipe para se tornarem sócios em um negócio pode ser uma estratégia valiosa para alinhar interesses e motivar o envolvimento de longo prazo. No entanto, essa decisão deve ser fundamentada em critérios sólidos para garantir que a parceria seja produtiva e sustentável. A base para a escolha de sócios deve incluir uma avaliação profunda de valores compartilhados, complementariedade de competências, alinhamento de expectativas e outros aspectos vitais que afetam a dinâmica de trabalho e a cultura empresarial.

Primeiramente, os valores compartilhados entre os sócios potenciais são essenciais. Uma sociedade só é eficaz quando todos os envolvidos têm uma compreensão e compromisso similares com os princípios éticos e objetivos empresariais da organização. Isso assegura que as decisões de negócios sejam tomadas com uma base de entendimento mútuo e respeito, minimizando conflitos e desacordos fundamentais no futuro.

Além disso, a complementariedade de competências é crucial. Cada sócio deve trazer habilidades únicas que se somam às da equipe, criando um conjunto de capacidades que é maior do que a soma de suas partes. Isso permite que a empresa aborde desafios de múltiplas perspectivas e inove continuamente. Por exemplo, enquanto um sócio pode ter forte conhecimento financeiro, outro pode trazer uma vasta experiência em marketing digital, combinando suas forças para melhorar a posição competitiva da empresa.

O alinhamento de expectativas também é um fator decisivo. Antes de formalizar qualquer sociedade, é importante que todos os envolvidos discutam abertamente suas expectativas em relação a responsabilidades, contribuições e o futuro da empresa. Isso inclui entender claramente as expectativas sobre o investimento de tempo, capital e recursos que cada sócio está disposto a fazer. Essa clareza no início do relacionamento pode prevenir mal-entendidos e ressentimentos que poderiam surgir mais tarde.

Outro aspecto importante é a preparação para a gestão de conflitos. Mesmo com alinhamento em muitas áreas, diferenças de opinião são inevitáveis. Portanto, estabelecer processos formais para resolução de conflitos é essencial. Isso pode incluir acordos sobre tomada de decisões majoritárias ou a utilização de consultores externos em decisões críticas.

Convidar colaboradores para se tornarem sócios pode ser uma jogada estratégica astuta, mas requer uma implementação cuidadosa e considerada. Esses critérios não apenas ajudam a escolher os parceiros certos, mas também preparam o terreno para uma sociedade empresarial robusta e de sucesso. Ao seguir essas diretrizes, as empresas podem fortalecer suas equipes de liderança e melhorar suas chances de sucesso a longo prazo.

Discutir regras de saída ou desistência também é um aspecto fundamental ao formar parcerias ou ao convidar colaboradores para o quadro societário de uma empresa. Estabelecer claramente os termos de saída ajuda a proteger tanto os interesses individuais quanto os da empresa, assegurando uma transição suave caso um dos sócios decida deixar a sociedade. Essas regras devem abordar como as partes podem se desvincular, os procedimentos para a venda ou transferência de participação acionária, e as condições sob as quais isso pode ocorrer. Essa previsão contribui para a estabilidade operacional e financeira da empresa, minimizando potenciais conflitos e garantindo que a continuidade do negócio não seja comprometida. Além disso, essas cláusulas proporcionam segurança aos sócios, que terão clareza sobre as consequências e os processos envolvidos em uma possível desistência, facilitando negociações futuras e possíveis rearranjos societários.

Esses critérios não apenas ajudam a escolher os parceiros certos, mas também preparam o terreno para uma sociedade empresarial robusta e de sucesso. Ao seguir essas diretrizes, as empresas podem fortalecer suas equipes de liderança e melhorar suas chances de sucesso a longo prazo.

Stock option

- **Definição:** um plano de *stock option* geralmente inclui um período de carência, conhecido como *vesting*, durante o qual os funcionários devem permanecer na empresa antes de poderem adquirir ou exercer o direito de comprar as ações – geralmente com um desconto em relação ao preço de mercado no momento da oferta. É possível também permitir a compra por meio de bônus performance.
- **Uso prático:** esse modelo é usado principalmente para alinhar os interesses dos funcionários com os dos acionistas, incentivando-os a contribuir para o crescimento e sucesso da empresa a longo prazo.

Características principais:

1. **Alinhamento de interesses:** o principal benefício das *stock options* é alinhar os interesses dos funcionários com os dos acionistas da empresa. Ao possuírem uma parte da empresa, os funcionários são incentivados a contribuir para o aumento do valor da empresa a longo prazo.
2. **Potencial de ganho:** as *stock options* oferecem um potencial significativo de ganho financeiro se o valor da empresa aumentar ao longo do tempo, o que pode ser consideravelmente maior do que o salário ou bônus regular.
3. **Carência:** a maioria dos planos de *stock option* inclui um período de *vesting*, durante o qual as opções se tornam elegíveis gradualmente ao longo do tempo. Isso incentiva os funcionários a permanecerem na empresa e contribuírem para seu crescimento contínuo.

Vesting

- **Definição:** é um processo pelo qual um colaborador adquire gradualmente direitos legais sobre incentivos oferecidos pela empresa, como ações, ao longo de um período de e um período de tempo especificado ou com base em marcos de desempenho. Isso significa que o colaborador adquire progressivamente mais ações ou benefícios, contanto que continue a prestar serviços à empresa.

- **Uso prático:** esse modelo é usado para incentivar a retenção de funcionários, assegurando que eles permaneçam na empresa por um período suficiente para "ganhar" totalmente o benefício, e a fins de engajamento contínuo com os objetivos da organização.

Características principais:

1. **Período de aquisição:** o *vesting* geralmente inclui um período de aquisição durante o qual o colaborador deve continuar na empresa para ganhar o direito às opções de ação ou ações concedidas. Esse período pode variar, mas é comumente estipulado entre um a quatro anos. Durante esse tempo, o empregado "conquista" gradualmente o direito de exercer uma porção de suas opções a cada ano até que estejam totalmente adquiridas.

2. **Cláusulas de retenção:** a principal razão para implementar um cronograma de *vesting* é reter talentos. Ao fazer com que os benefícios se concretizem ao longo do tempo, os funcionários são incentivados a permanecer na empresa. Isso ajuda a reduzir a rotatividade de colaboradores e garante que apenas aqueles comprometidos com o crescimento a longo prazo da empresa se beneficiem plenamente das opções ou ações.

3. **Motivação e alinhamento de interesses:** além de reter talentos, o *vesting* alinha os interesses dos funcionários com os da empresa. Como as recompensas financeiras estão vinculadas à permanência e, muitas vezes, ao desempenho do negócio, os funcionários são motivados a contribuir positivamente para o sucesso da organização. Isso promove uma cultura de propriedade e responsabilidade, incentivando os funcionários a trabalhar em prol dos objetivos de longo prazo da organização.

Essas características fazem do *vesting* uma ferramenta estratégica importante para as empresas que desejam incentivar a lealdade e o comprometimento dos funcionários, ao mesmo tempo que maximizam seu potencial de crescimento e sucesso.

Partnership

- **Definição:** um contrato de *partnership* geralmente se refere a um acordo onde os funcionários são considerados parceiros parciais na empresa, o que pode envolver participação nos lucros ou outros incentivos com base no desempenho da empresa ou acionária.

- **Uso prático:** esse modelo é frequentemente aplicado em firmas profissionais como escritórios de advocacia ou consultorias, onde os parceiros compartilham tanto os lucros quanto as responsabilidades operacionais da empresa. É uma abordagem estratégica usada para alinhar mais estreitamente os interesses dos empregados com os objetivos gerais da organização.

Características Principais:

1. **Participação acionária:** uma das formas mais comuns de *partnership* entre funcionários e empresas é por meio de programas de ganho ou compra de ações. Isso permite que eles se beneficiem diretamente do sucesso financeiro da empresa, incentivando um maior comprometimento e dedicação.

2. **Programas de lucros compartilhados:** outro método é a adoção de programas de participação nos lucros da empresa, geralmente com base em metas de desempenho predeterminadas. Isso não só motiva os funcionários a trabalhar para o sucesso da empresa, mas também ajuda a cultivar uma sensação de propriedade e responsabilidade pelo resultado final.

3. **Modelos de gestão inclusiva:** empresas que adotam o conceito de *partnership* frequentemente incentivam uma cultura de gestão inclusiva, na qual os funcionários têm voz ativa nas decisões estratégicas. Isso pode incluir envolvimento em conselhos consultivos, reuniões de estratégia ou grupos de trabalho que lidam com questões operacionais importantes.

A retenção de talentos precisa fazer parte da sua estratégia de negócio

O foco principal deste capítulo foi a construção de um plano de carreira, a qual considero uma das práticas mais eficazes para influenciar positivamente a retenção de talentos em uma empresa. A elaboração de um plano de carreira bem-definido serve não apenas como um guia para o desenvolvimento profissional dos colaboradores mas também como um instrumento muito importante para minimizar a incerteza e aumentar a segurança percebida por eles na organização. A clareza em relação às possibilidades de progressão na carreira reduz significativamente a sensação de estagnação e incerteza, fatores que frequentemente levam à insatisfação e ao desengajamento.

É importante ressaltar, no entanto, que um plano de carreira é apenas uma das várias ferramentas necessárias no desafio complexo de reter talentos. A retenção de colaboradores é uma tarefa multifacetada que exige uma abordagem holística, incluindo também estratégias eficazes de reconhecimento, uma cultura organizacional positiva, liderança inspiradora e oportunidades contínuas de desenvolvimento profissional. Cada um desses componentes desempenha um papel vital na construção de um ambiente de trabalho onde os colaboradores desejam permanecer e se sentem valorizados e capazes de crescer.

Portanto, enquanto nos concentramos na estruturação de planos de carreira como um meio de retenção, devemos sempre considerar o contexto mais amplo da gestão de talentos. É esse entendimento abrangente e a implementação de práticas integradas que verdadeiramente transformam o local de trabalho. A retenção de talentos é, sem dúvida, um dos maiores desafios das empresas modernas, mas também uma das maiores oportunidades para alavancar o potencial humano em favor do crescimento sustentável de seu negócio.

8

FEEDBACK E *ONE-ON-ONE*

O feedback é indiscutivelmente uma das ferramentas mais poderosas para o desenvolvimento de pessoas em qualquer organização. Quando bem executada, essa prática pode transformar o desempenho de todo o time ao motivar indivíduos e alinhar expectativas, contribuindo significativamente para a evolução tanto de equipes quanto de projetos. Em muitas empresas, essa prática ou é inexistente ou é mal administrada, resultando em oportunidades perdidas de crescimento e melhorias.

Na realidade, essa falha muitas vezes se deve à falta de preparo dos líderes para conduzir esses momentos críticos corretamente. Alguns líderes podem recorrer ao feedback apenas para criticar sem fundamentos ou, pior ainda, utilizá-lo de maneira inconsistente e incoerente, sem oferecer direcionamento claro ou suporte para o desenvolvimento futuro. Isso não só desmotiva os funcionários mas também pode criar um ambiente de trabalho tenso e pouco propício à inovação e ao engajamento.

Ao melhorar a prática do feedback por parte dos líderes, as organizações podem, além de aumentar o engajamento e a satisfação de seus colaboradores, fomentar uma cultura de comunicação aberta e de melhoria contínua. Quando os líderes aprendem a utilizar o feedback como uma ferramenta de desenvolvimento, eles não só corrigem trajetórias e ajustam comportamentos como também desenvolvem suas equipes e incentivam um ambiente onde todos estão comprometidos com o crescimento pessoal e coletivo.

Mas, afinal, o que é feedback?

Feedback é um processo de comunicação vital onde informações sobre o desempenho são fornecidas a um indivíduo ou equipe, com o objetivo de influenciar os comportamentos futuros. O propósito principal é oferecer insight sobre como o desempenho atual pode ser melhorado, além de reconhecer os sucessos e reforçar comportamentos positivos. O feedback eficaz deve ser específico, oportuno e entregue de maneira clara e útil para o receptor, ajudando a fomentar o crescimento pessoal e a eficiência organizacional. Mais do que uma simples prática, ele se configura como uma cultura necessária nas organizações modernas, influenciando diretamente o crescimento pessoal e profissional dos colaboradores.

As gerações mais jovens, sobretudo os millennials e a geração Z, valorizam feedbacks constantes. Crescidos em um ambiente digital onde feedbacks e reações são instantâneos, eles esperam a mesma rapidez e regularidade no ambiente de trabalho. Para esses jovens profissionais, o feedback regular não apenas valida seu trabalho mas também os ajuda a se sentir conectados e essenciais para a equipe, aumentando seu engajamento e satisfação no trabalho. Contudo, vale ressaltar que para ambas as gerações a maneira como esse feedback é passado para a frente define como essa informação será recebida: enquanto a geração Z prefere uma comunicação mais direta, por exemplo, os millenials respondem melhor a feedbacks entregues com positividade e encorajamento.[22]

Os efeitos trágicos da falta de feedback

Em uma cultura na qual a prática de feedback é ausente ou executada de maneira tóxica, isto é, sem padrão, os efeitos podem ser significativamente prejudiciais ao ambiente de trabalho e ao desempenho da organização. Aqui estão alguns impactos negativos mais comuns:

---

[22] MILLENIALS and Gen Z in the workplace: similarities and differences. **EURES**, 2 mar. 2023. Disponível em: https://eures.europa.eu/millennials-and-gen-z-workplace-similarities-and-differences-2023-03-02_en. Acesso em: 5 out. 2024.

- **Desmotivação da equipe:** os funcionários podem sentir-se desvalorizados e desmotivados, pois não recebem reconhecimento por suas conquistas nem orientação sobre como melhorar sua performance. Isso pode levar à falta de engajamento e à baixa produtividade.
- **Estagnação no desenvolvimento:** sem orientação clara, os colaboradores podem continuar cometendo os mesmos erros ou não desenvolver habilidades que poderiam contribuir para seu crescimento na carreira;
- **Clima organizacional deteriorado:** feedback tóxico ou a ausência de feedback pode criar um ambiente de trabalho negativo, alimentando ressentimentos e desconfianças entre colegas e entre funcionários e gestores. Isso pode resultar em um clima organizacional ruim, onde conflitos e mal-entendidos são frequentes.
- **Alta rotatividade de funcionários:** ambientes sem feedback positivo ou com feedback negativo constante podem elevar a taxa de rotatividade. Os funcionários tendem a procurar novas oportunidades em que se sintam mais apreciados e possam crescer profissionalmente.
- **Dificuldade em atingir metas:** quando os funcionários não recebem feedbacks regulares, pode haver falta de alinhamento com os objetivos da organização. Isso dificulta que a equipe trabalhe em harmonia em direção às metas estabelecidas, impactando negativamente o desempenho geral da empresa.
- **Falta de inovação:** a inovação muitas vezes surge do processo de feedback, em que ideias podem ser discutidas e refinadas. Sem um ciclo de feedback saudável, a capacidade de inovação da empresa pode ser severamente limitada, deixando a organização atrás de seus concorrentes no mercado.

Promover uma cultura de feedback construtivo e regular é essencial para qualquer organização que aspire ao sucesso e ao desenvolvimento contínuo de seus colaboradores e de suas operações. Entretanto, tão prejudicial quanto a ausência da cultura do feedback é a existência de feedbacks tóxicos:

- **Feedback negativo constante:** focar exclusivamente os aspectos negativos pode desmotivar e frustrar os colaboradores. É essencial manter uma abordagem equilibrada.
- **Vaguidade:** feedbacks imprecisos podem gerar confusão e insegurança. É importante ser claro e objetivo.
- **Timing inadequado:** oferecer feedback em momentos inapropriados pode diminuir seu impacto ou até mesmo ser extremamente prejudicial. Escolher o momento certo é tão importante quanto o conteúdo do feedback.

> ## Nossas emoções são como músculos, quanto mais exercitamos, mais fortes e resistentes ficam.

Feedback × *One-on-one*

Antes de avançarmos sobre a cultura do feedback é importante compreender o que é uma sessão de *one-on-one*, também conhecida como sessão um a um.

O *one-on-one*, ou encontros individuais, são reuniões privadas entre um gestor e um membro da equipe, realizadas com certa frequência (por exemplo, semanal ou mensalmente). Essas sessões fornecem uma oportunidade valiosa para o gestor oferecer apoio personalizado, abordando de maneira detalhada tanto os pontos fortes quanto as áreas que necessitam de melhoria. Esse processo permite uma comunicação íntima, direta e eficaz que não seria possível em reuniões de equipe maiores.

No entanto, é preciso entender que o *one-on-one* não é a mesma coisa que uma sessão de feedback, porém, é nela que se aplica um feedback. Durante essas sessões, gestores e funcionários podem discutir aspirações profissionais e estratégias de desenvolvimento pessoal, permitindo que o gestor oriente e apoie o crescimento profissional do funcionário de maneira direta e significativa. Outro aspecto importante das sessões de *one-on-one* é a resolução de problemas. Elas proporcionam um espaço seguro para os funcionários expressarem preocupações ou desafios enfrentados no trabalho. Isso facilita a busca por soluções conjuntas, longe das pressões e dos olhares de um ambiente de grupo, o que pode levar a resoluções mais eficazes e criativas.

Por fim, essas reuniões são essenciais para fortalecer as relações entre gestores e funcionários. Elas ajudam a construir um senso de confiança e abertura, melhorando significativamente a comunicação e a colaboração na equipe.

Como construir e aplicar um feedback

No contexto de formação de líderes, um dos aspectos mais críticos e transformadores é a capacidade de fornecer feedback eficaz. Ao longo dos últimos dezoito anos, desenvolvi e aprimorei um modelo estruturado de feedback que aplico em todos os meus programas de formação de líderes. Esse método, testado e comprovado, já beneficiou mais de milhares de mentorados, capacitando-os a comunicar de maneira construtiva e eficiente com suas equipes. A seguir, apresentarei nove conceitos essenciais desse modelo, que tem por objetivo não apenas orientar a correção de rumos mas também promover o desenvolvimento contínuo da equipe.

Etapa 1: Analisar a situação

Antes de qualquer sessão de feedback, prepare-se. Revise as tarefas, os projetos ou os comportamentos específicos que pretende abordar. Tenha claros os objetivos do feedback e os exemplos concretos que vai utilizar.

1. **Identificação do problema:** essa identificação deve ser específica e baseada em instâncias concretas que demonstram o que precisa ser discutido. Trabalhe apenas com fatos e dados, evite generalizações que possam confundir o receptor do feedback. Esse é o momento de definir o foco da conversa, que será crucial para manter a discussão alinhada e objetiva.

2. **Descrição do ocorrido e suas consequências:** isso inclui explicar detalhadamente o que, onde e quando ocorreu, e quem estava envolvido. Importante, também, é abordar as consequências desses eventos. Explique como as ações em questão afetaram a equipe, o projeto, ou os objetivos da organização. Esse passo ajuda a contextualizar a importância do feedback e a urgência da mudança.

3. **Necessidade de mudança no comportamento ou desempenho:** esse componente envolve uma análise do comportamento atual e como ele se desvia dos padrões ou expectativas da empresa. É necessário articular

claramente as razões pelas quais o comportamento ou desempenho atual é problemático, e como a mudança pode levar a resultados melhores ou mais desejáveis.

Etapa 2: Determinar efeitos e objetivos

A segunda etapa do processo de feedback é crucial para orientar a conversa para um resultado produtivo e mutuamente benéfico. Aqui, você precisa determinar claramente os efeitos desejados do feedback e estabelecer objetivos.

Definição de objetivos claros e mensuráveis

Os objetivos derivados do feedback devem ser:

- **Expressos positivamente:** formule os objetivos de maneira que foquem o que deve ser alcançado, não o que deve ser evitado.
- **Específicos:** os objetivos precisam ser claros e detalhados, evitando ambiguidades quanto ao que se espera.
- **Com evidências mensuráveis de sucesso:** defina critérios claros que possam ser usados para avaliar o sucesso do colaborador. Isso pode incluir metas quantificáveis ou melhorias qualitativas específicas no trabalho ou comportamento.
- **Realistas:** os objetivos devem ser alcançáveis dentro das capacidades do colaborador e dos recursos disponíveis.
- **Vantajosos:** mostrar como alcançar esses objetivos será benéfico não só para a organização, mas também para o desenvolvimento pessoal e profissional do colaborador.
- **Com uma escala de tempo definida:** estabeleça um cronograma claro para quando os resultados esperados devem ser alcançados.

Uma vez que os objetivos são propostos, eles devem ser discutidos abertamente com o colaborador para garantir que são adequados e realistas. Essa discussão é vital para adaptar os objetivos às necessidades específicas do colaborador e às circunstâncias da equipe ou projeto. Adaptar os objetivos também ajuda a garantir que o colaborador se sinta parte do processo e comprometido com os resultados.

Etapa 3: Ajustar-se à receptividade

A terceira etapa do processo de feedback envolve ajustar a abordagem à receptividade do colaborador. Isso significa considerar o perfil comportamental da pessoa que receberá o feedback. A eficácia do feedback pode variar significativamente dependendo de como ele é recebido, e ajustar sua entrega pode ajudar a maximizar o impacto positivo e minimizar mal-entendidos ou resistências.

Cada indivíduo reage de maneira diferente ao feedback, dependendo de temperamento, experiências passadas e estado emocional atual. É crucial avaliar como a pessoa normalmente responde a críticas ou elogios. Algumas podem ser mais críticas ou defensivas, enquanto outras podem ser mais passivas ou abertas. Entender essas nuances comportamentais o ajudará a avaliar a abordagem para cada situação específica, tornando o feedback mais aceitável e eficaz.

Para ilustrar diferentes níveis de receptividade, podemos usar as metáforas de baldes, copos e cálices:

- **Baldes:** são aqueles que estão prontos e dispostos a receber feedback. Geralmente aceitam críticas construtivas e usam o feedback para melhorar rapidamente. No entanto, é importante estar atento aos "baldes furados" — pessoas que parecem aceitar o feedback, mas não fazem mudanças efetivas e duradouras.
- **Copos:** capazes de receber uma quantidade razoável de feedback. Eles são abertos ao diálogo e conseguem lidar com críticas, mas têm uma capacidade limitada antes de se sentirem sobrecarregados. É importante dosar o feedback para não transbordar, garantindo que a crítica seja absorvida e refletida.
- **Cálices:** frequentemente mais sensíveis ou que podem ter um histórico de experiências negativas com feedback. Com eles, é crucial ser especialmente cuidadoso e gentil. O feedback deve ser dado de maneira mais suave, com foco em encorajar e apoiar, além de reconhecer os esforços e progressos já feitos.

Ao se ajustar à receptividade, utilize estratégias de comunicação que respeitem a sensibilidade de cada receptor. Isso pode incluir a preparação de como introduzir o feedback, o tom usado durante a conversa e a estruturação da sessão para incluir tanto positividade quanto áreas para desenvolvimento. A chave é promover um ambiente onde a conversa seja vista como uma ferramenta de desenvolvimento, não como uma crítica pessoal.

Etapa 4: Criar o ambiente propício (físico e psicológico)

A quarta etapa do processo de feedback envolve a criação de um ambiente propício tanto físico quanto psicológico, que facilite uma comunicação aberta e construtiva. Esse passo é crucial para garantir que o feedback seja entregue e recebido de maneira eficaz, mantendo um diálogo franco e respeitoso.

Muitas falhas na aplicação do feedback ocorrem devido à pressa ou ao calor do momento, quando as emoções estão à flor da pele. É um erro comum tentar oferecer feedback logo após um incidente, sobretudo quando ainda se está emocionalmente envolvido ou irritado. Essas situações podem levar a conversas em que o foco se desvia da construção e aprendizado para a defesa ou ataque, o que raramente resulta em qualquer melhoria significativa. Além disso, escolher locais inadequados, como corredores da empresa ou espaços onde outras pessoas possam ouvir, compromete a privacidade e o respeito necessários para um diálogo produtivo. Essa falta de consideração pelo ambiente e pelo estado emocional pode deteriorar a relação entre gestor e colaborador, minando a confiança e o respeito mútuo.

Lembre-se sempre: nenhum feedback é tão urgente que não possa esperar um dia. Permitir esse tempo não apenas ajuda a esfriar as emoções, mas também proporciona a oportunidade de preparar um ambiente adequado e uma abordagem mais ponderada. Esse período de reflexão permite que tanto o emissor quanto o receptor do feedback se preparem adequadamente para a conversa, garantindo que o encontro seja construtivo e focado no crescimento.

Ao criar um ambiente físico e psicológico adequado, você não apenas maximiza a eficácia do feedback, mas também demonstra respeito e consideração pelo receptor, elementos essenciais para manter uma cultura de feedback positiva e construtiva na organização.

Etapa 5: Comunicar-se efetivamente

A comunicação eficaz é fundamental no processo de feedback, e crucial entender como as mensagens são recebidas e percebidas. É inegável que nós, seres humanos, não só respondemos ao que é dito, mas também ao modo como a mensagem é passada, incluindo o tom de voz e a postura corporal de quem fala. Esses elementos não verbais desempenham um papel significativo na maneira como o feedback é interpretado e aceito, enfatizando a importância de uma abordagem cuidadosa e consciente.

1. **Postura verbal:** as palavras que você escolhe são importantes, mas apenas uma parte de como sua mensagem é recebida. Certifique-se de que suas palavras sejam claras e diretas, evitando ambiguidades, além de evitar gírias e palavras de baixo calão.

2. **Tom de voz e ênfase:** o modo como você diz algo pode ter um impacto maior do que as próprias palavras. O tom pode transmitir emoção, urgência, empatia ou censura. Uma voz calma e firme geralmente é mais eficaz para facilitar uma recepção positiva do feedback.

3. **Linguagem corporal:** gestos, postura e expressão facial falam muito sobre suas intenções e sentimentos. Uma postura aberta, contato visual direto e gestos calmantes podem ajudar a criar um ambiente de confiança.

Parte de comunicar-se de modo eficaz inclui a escuta ativa. Isso significa prestar real atenção ao que o outro está dizendo, sem planejar sua resposta enquanto a outra pessoa fala. Observar cuidadosamente as reações do receptor do feedback pode fornecer insights valiosos de como ajustar a abordagem. Faça perguntas que ajudem a clarificar e aprofundar a compreensão sobre o problema. Perguntas abertas que provocam reflexão são particularmente úteis, pois incentivam o receptor a pensar sobre as situações e suas próprias reações a elas. Acreditar que se tem todas as informações necessárias antes de uma sessão de feedback é um erro comum que pode levar ao fracasso. Esteja aberto a ouvir e adaptar sua percepção com base no diálogo, isso tem o potencial de revelar detalhes que você pode ter perdido ou interpretado erroneamente.

Etapa 6: Descreva o comportamento atual

A sexta etapa do processo de feedback foca a descrição do comportamento que será questionado, uma prática essencial para que a sessão seja tanto objetiva quanto construtiva. A descrição deve evitar interpretações subjetivas ou julgamentos de valor que possam ser mal interpretados ou causar ressentimentos. A seguir, apresento algumas práticas que podem ajudar você durante essa etapa:

1. **Não leia pensamentos:** evite fazer suposições sobre as intenções ou pensamentos do outro. Comentar o que você acha que a pessoa estava pensando ou sentindo pode levar a mal-entendidos e defensividade. Concentre-se apenas no que foi observado.

2. **Evite comentários sobre a personalidade:** foque o feedback em comportamentos específicos, não em traços de personalidade. Comentários como "você é sempre tão negligente" podem ser percebidos como um ataque pessoal, enquanto "eu notei que você não verificou os detalhes do relatório" centra-se na ação, que pode ser mudada ou melhorada.

3. **Evite desqualificar a outra pessoa:** mantenha o respeito pela dignidade do receptor durante toda a sessão de feedback. Evitar linguagem desqualificante ou depreciativa é crucial para manter um diálogo construtivo.

4. **Explique as consequências do comportamento:** parte do processo de feedback eficaz é explicar como um comportamento específico afeta a equipe, o projeto ou a organização. Seja claro sobre as consequências negativas e a importância de se fazer ajustes.

5. **Tente não julgar:** manter uma postura de não julgamento ajuda a criar um ambiente seguro para discussões abertas. O feedback deve ser visto como uma ferramenta para desenvolvimento e não como um julgamento de valor sobre a pessoa.

6. **Defina o padrão esperado:** é fundamental esclarecer o que é esperado em termos de comportamento ou desempenho. Muitas vezes, o baixo desempenho está ligado à falta de padrões claros. Ao final do feedback, certifique-se de que o receptor entenda claramente quais são os padrões esperados e como ele pode atendê-los.

Etapa 7: Descreva o comportamento desejado

Embora similar à etapa anterior que descreve o comportamento atual, esta se concentra em clarificar e comunicar o comportamento desejado. Este passo é crucial para orientar o receptor do feedback em direção às mudanças necessárias e melhorias esperadas. Aqui, a ênfase é colocada em definir claramente o que se espera como resultado do processo de feedback, proporcionando uma direção clara para o desenvolvimento futuro.

1. **Tenha exemplos precisos:** para ilustrar efetivamente o comportamento desejado, forneça exemplos claros e precisos de como você gostaria que as situações fossem gerenciadas ou como tarefas específicas deveriam ser executadas. Isso ajuda o receptor a visualizar o que é esperado dele e como seu comportamento pode ser ajustado para atender a essas expectativas.

2. **Não leia pensamentos:** assim como na descrição do comportamento atual, evite assumir ou sugerir o que o receptor estava pensando ou sentindo ao agir de determinada maneira. Concentre-se em descrever objetivamente os comportamentos que você gostaria de ver, sem interpretar intenções.

3. **Evite comentários sobre a personalidade:** mantenha o foco nas ações e comportamentos específicos que você deseja encorajar, em vez de fazer generalizações sobre traços de personalidade. Comentários como "gostaria que você fosse mais proativo" podem ser substituídos por "seria útil se você iniciasse os projetos com uma verificação de todos os requisitos necessários".

4. **Evite desqualificar a outra pessoa:** continua sendo importante manter uma abordagem respeitosa e construtiva. Evite qualquer linguagem ou comentário que possa ser percebido como desqualificante ou desrespeitoso.

5. **Explique as consequências do comportamento:** além de descrever o comportamento desejado, é útil explicar as consequências positivas de adotar tal comportamento. Isso pode incluir melhorias na eficiência do trabalho, contribuições mais significativas para o sucesso da equipe ou aumento da satisfação pessoal no trabalho.

6. **Tente não julgar:** mantenha um tom de voz e uma abordagem que evitem julgamentos. O objetivo é apoiar o desenvolvimento do receptor, não criticá-lo como pessoa.

7. **Defina o padrão esperado:** deixe claro o padrão de desempenho e comportamento que você espera ver. Defini-los não só ajuda a estabelecer metas claras, como também fornece ao receptor do feedback um alvo concreto para alcançar.

Ao focar a melhoria e o comportamento desejado, essa etapa do feedback transforma a crítica em uma ferramenta de desenvolvimento positivo, dando ao receptor uma direção clara para seu crescimento pessoal e profissional.

Etapa 8: Procure soluções em conjunto

A oitava etapa do processo de feedback é fundamental para transformar a crítica em ação positiva, focando a colaboração para encontrar soluções e envolvendo o receptor na busca por soluções.

A seguir, veja algumas práticas recomendadas para esta etapa:

1. **Contribua, mas não faça:** é essencial que o receptor do feedback se sinta responsável por implementar as mudanças necessárias, o que não significa que ele deva fazer isso sozinho. Como líder ou mentor, seu papel é oferecer apoio e orientação sem assumir o controle das ações necessárias. Isso incentiva o desenvolvimento de habilidades de resolução de problemas e autoeficácia.

2. **Questione as dificuldades:** parte do processo de encontrar soluções em conjunto é entender as dificuldades específicas que o receptor está enfrentando. Faça perguntas abertas que ajudem a identificar esses desafios. Por exemplo, "quais obstáculos você encontra ao tentar implementar essa mudança?" ou "há algo que está impedindo você de alcançar esse comportamento?".

3. **Encoraje a busca por soluções:** empodere o receptor para que ele próprio sugira soluções. Isso não apenas o ajuda a se sentir mais envolvido no processo, mas também pode levar a abordagens inovadoras que você não teria considerado. Incentive a criatividade e a iniciativa, validando as ideias apresentadas e discutindo como elas podem ser implementadas.

4. **Disponibilize treinamento e recursos adicionais:** se as lacunas de desempenho estão relacionadas às habilidades que podem ser aprimoradas, considere oferecer treinamentos ou workshops. Em casos em que as dificuldades são mais complexas ou pessoais, a mediação com uma terceira parte ou o aconselhamento podem ser apropriados. Disponibilizar esses recursos demonstra um comprometimento genuíno com o desenvolvimento e o bem-estar do colaborador.

5. **Prepare-se para dar ajuda ou explicar uma negativa:** esteja preparado para oferecer a ajuda necessária ou, em alguns casos, para explicar porque uma

sugestão ou solução proposta pode não ser viável no momento. É importante manter uma comunicação aberta sobre as razões para decisões que afetam o progresso do receptor, mantendo a transparência e a confiança mútua.

Ao envolver ativamente o receptor no processo de solução de problemas, você reforça a importância de sua contribuição para a equipe e para a organização, enquanto simultaneamente trabalha para melhorar seu desempenho e satisfação no trabalho.

Etapa 9: Utilize a técnica do sanduíche

A técnica do sanduíche é uma estratégia de comunicação amplamente utilizada em sessões de feedback, cujo objetivo é tornar a recepção das críticas mais eficiente, reduzindo a probabilidade de o receptor entrar em modo defensivo, encorajando uma atitude mais aberta à mudança. Essa técnica é estruturada em três partes: uma abertura positiva, o núcleo crítico (o recheio), e um fechamento também positivo. Embora algumas linhas de raciocínio façam críticas a esse modelo por acreditarem que a parte "macia" (positiva) pode ser interpretada como elogio, eu defendo que somente pensa dessa forma quem foi mal instruído acerca do sanduíche, pois a parte macia em nada tem a ver com elogio, e sim deixar claro os pontos fortes do receptor, trazendo à tona até um senso ainda maior de responsabilidade por parte do colaborador.

A técnica do sanduíche começa e termina com comentários reforçando os pontos fortes do receptor, com o objetivo de criar um ambiente mais acolhedor para o feedback mais crítico, que é apresentado no meio. A ideia é enquadrar as sugestões de melhoria com pontos fortes, o que pode ajudar no processo de assimilação das críticas e reforçar a percepção de que o feedback é equilibrado e justo. Ele se dá da seguinte maneira:

1. **Abertura positiva:** o feedback começa reforçando os pontos fortes do receptor. É crucial entender que esta parte não é um elogio, mas uma avaliação genuína das áreas em que o indivíduo está se destacando, ou até mesmo reforçar os pontos fortes que fez a empresa contratá-lo. Isso ajuda a estabelecer uma base de respeito e admiração, mostrando que seus esforços e sucessos são reconhecidos e valorizados e que ele ou ela são importantes para a equipe.

2. **Recheio de apresentação dos fatos:** aqui, o feedback se concentra nos aspectos que necessitam de melhoria. Essa parte deve ser objetiva e baseada em fatos, dados ou exemplos específicos que ilustrem o comportamento ou performance que precisa ser alterado. É importante que este segmento seja claro e direto, apresentando as críticas de maneira construtiva, sempre vinculadas ao propósito do feedback e como as mudanças podem levar a resultados melhores. É nessa etapa que um possível plano de ação precisa ser construído em conjunto.
3. **Fechamento positivo:** a última parte da técnica do sanduíche volta a focar os aspectos positivos, reforçando o apoio ao desenvolvimento do receptor do feedback. Essa etapa serve para reiterar a confiança na capacidade do indivíduo de crescer e melhorar, encerrando a sessão de feedback em uma nota positiva e motivadora.

Um aspecto fundamental ao usar à técnica do sanduíche no feedback é a transição entre a abertura positiva e a crítica construtiva. É crucial evitar o uso da palavra "mas" após destacar os pontos fortes, pois essa conjunção pode desvalorizar os comentários positivos feitos inicialmente, criando uma sensação de que tudo o que foi dito antes era apenas um preâmbulo para a crítica. Em vez disso, utilizar transições suaves e afirmativas ajuda a manter o valor dos elogios, enquanto prepara o terreno para a discussão das áreas de melhoria.

Um bom exemplo de transição é a utilização de "e" em vez de "mas", como você pode ver a seguir:

- "Você tem demonstrado excelente atenção aos detalhes nos relatórios que prepara, e seria ainda melhor ver essa mesma atenção aplicada também nas suas apresentações em equipe."
- "Você tem uma resiliência muito importante para esse cargo no setor de vendas, e o grande foco dessa nossa reunião é entendermos juntos os motivos da sua baixa performance conforme este relatório aqui."

No fim, utilizar a técnica do sanduíche pode ajudar a garantir que o feedback seja recebido de maneira mais produtiva. Ao começar e terminar com comentários positivos, a técnica ajuda a garantir que o receptor se sinta valorizado e apoiado, mesmo diante de críticas. Isso facilita a digestão das partes mais difíceis do feedback e encoraja uma resposta mais aberta e uma maior disposição para engajar-se com as sugestões de melhoria. Quando bem executada, essa técnica não só melhora a eficácia do feedback, mas também fortalece a relação entre o gestor e o colaborador.

Etapa 10: Chegar a um acordo

A etapa final do processo de feedback consiste em chegar a um acordo quanto aos próximos passos. Essa etapa solidifica o comprometimento mútuo para com as ações futuras e garante que tanto o receptor do feedback quanto quem o fornece estejam alinhados em relação aos objetivos e expectativas. Aqui, o foco está em colaborar para formular um plano claro que direcione o desempenho desejado e as melhorias comportamentais.

A seguir estão algumas práticas para realizar a última etapa do processo de maneira positiva e construtiva:

1. **Encorajar e ajudar, mas não forçar:** é importante que a pessoa que recebe o feedback sinta que a mudança é factível e que ela tem o suporte necessário para implementá-la. Isso reforça a autonomia e a responsabilidade pessoal, aumentando as chances de uma transformação efetiva e duradoura.

2. **Concordância sobre a avaliação de objetivos:** isso significa estabelecer critérios claros e tangíveis para o que constitui sucesso na mudança de comportamento ou melhoria de desempenho. Essa concordância é essencial para que ambos os lados possam, posteriormente, avaliar se os esforços foram bem-sucedidos.

3. **Reconhecer a necessidade de minimizar diferenças:** ambas as partes devem estar de acordo que há uma necessidade de diminuir a discrepância entre o desempenho ou comportamento atual e o desejado. Isso envolve reconhecer as lacunas sem atribuir culpa, focando como essas lacunas podem ser fechadas de maneira construtiva.

4. **Ações definidas para mudança:** chegar a um acordo também envolve definir as ações específicas que serão tomadas para facilitar a mudança. Essas ações devem ser práticas, realistas e, idealmente, desenvolvidas em colaboração com a pessoa que está recebendo o feedback. Isso pode incluir atividades como treinamentos adicionais, novas responsabilidades, ou ajustes nos métodos de trabalho.

5. **Concordar com um cronograma:** um cronograma não só fornece uma estrutura temporal clara, mas também permite que ambas as partes acompanhem o progresso e façam ajustes conforme necessário. O cronograma deve ser realista e levar em conta as demandas existentes quanto ao tempo e os recursos da pessoa envolvida.

Chegar a um acordo no final de uma sessão de feedback é vital para garantir que o processo seja percebido como útil e orientado para o crescimento, não apenas como uma crítica.

A matriz de feedback pode ajudar você nesse processo

Ao longo dos anos, enquanto pesquisava e aplicava técnicas de feedback em diversas organizações em meus programas de desenvolvimento de líderes, percebi a necessidade de uma ferramenta que consolidasse todos os elementos essenciais discutidos aqui, neste capítulo, que permitisse preparar com antecedência uma sessão de feedback eficaz, mapeando tanto os pontos fortes quanto os aspectos que requerem melhorias, com base em fatos e dados concretos.

Aqui, compartilho uma matriz que desenvolvi ao longo dos anos, uma ferramenta de fácil compreensão e sem necessitar de sistemas ou aplicativos complexos, fruto de extensas experiências e práticas, que torna as sessões de feedback mais estruturadas, eficazes e continuamente produtivas. Essa matriz não só facilita a organização e o planejamento das sessões de feedback, como também garante que todos os componentes críticos sejam abordados de maneira estruturada e eficiente. Na mesma matriz, você já vai encontrar um plano de ação que nada mais é do que um programa de desenvolvimento individual para cada colaborador de seu time.

Macio	Pontos fortes				
Recheio	Apresentar fatos e dados (Fazer perguntas para gerar responsabilidade)				
Plano de ação	Estabelecer ações concretas	☞ O que fazer	💻✍ Como	✳ Recurso	🕐 Até quando
Macio	Coloque-se à disposição, marque uma data para uma nova conversa, reforce os pontos fortes				

A matriz de feedback é uma ferramenta versátil e abrangente, projetada para ser utilizada em todas as fases do processo de feedback: antes, durante e após a sessão.

Feedback e *one-on-one* **161**

Antes da sessão de feedback, a matriz serve como um guia preparatório para o líder ou gestor. Ela ajuda a organizar pensamentos e informações, permitindo uma avaliação abrangente dos pontos fortes e das áreas de melhoria do colaborador. A matriz facilita a coleta e a organização de dados e fatos relevantes que sustentarão a conversa, garantindo que todos os pontos discutidos sejam embasados em observações concretas e exemplos específicos.

Durante a sessão, a matriz proporciona uma estrutura clara para conduzir a conversa. Ela orienta o feedback de maneira que seja equilibrado, objetivo e focado em construir um plano de ação com soluções concretas. Com ela, você pode seguir um roteiro que assegura a cobertura de todos os aspectos importantes, desde a apresentação dos pontos fortes até a discussão de comportamentos ou ações que precisam ser executadas e a exploração de possíveis soluções.

Após a sessão, a matriz ainda se transforma em um instrumento de acompanhamento e controle. As informações registradas durante o feedback fornecem um registro detalhado do que foi discutido, incluindo os planos de ação acordados e os compromissos assumidos por ambas as partes. Isso permite um acompanhamento eficaz do progresso em relação aos objetivos estabelecidos, facilitando ajustes conforme necessário. Além disso, esses registros se tornam insumos valiosos para futuras sessões de feedback, criando um ciclo contínuo de desenvolvimento e melhoria. Essa mesma matriz também está disponível na ferramenta PowerKR®.

NO CONTEXTO DE FORMAÇÃO DE LÍDERES, UM DOS ASPECTOS MAIS CRÍTICOS E TRANSFORMADORES É A CAPACIDADE DE FORNECER FEEDBACK EFICAZ.

NÃO SEJA BABÁ DE GENTE GRANDE
@FABIANOZANZIN

9

AVALIAÇÃO DE DESEMPENHO

Avaliação em desempenho é um dos instrumentos mais poderosos dentro de uma cultura de gestão voltada para o engajamento. Ela atua como um mecanismo que tangibiliza e integra todos os aspectos que foram construídos e discutidos ao longo da estruturação da cultura organizacional. Mais do que um simples processo administrativo, a avaliação de desempenho serve para evidenciar a aderência das políticas e práticas de uma empresa de maneira estruturada e profissional.

Este capítulo explora o papel crucial da avaliação de desempenho na cultura de gestão, destacando como ela pode ser efetivamente utilizada para alinhar as expectativas da organização com as performances individuais. A implementação de um sistema de avaliação de desempenho eficaz não é apenas uma operação de medida mas também um processo que exige conhecimento aprofundado, ferramentas adequadas e uma persistência contínua.

Embora a responsabilidade pela implementação da avaliação de desempenho muitas vezes recaia sobre os departamentos de RH, seu impacto e sucesso dependem fundamentalmente da mudança de comportamento e da adesão de toda a liderança da empresa. A avaliação de desempenho é mais do que uma ferramenta de RH; é uma prática estratégica que sustenta a meritocracia, o desenvolvimento de talentos e a competitividade organizacional. Para que seja efetiva, ela deve ser percebida como parte integrante da gestão diária, refletindo os valores e os objetivos da organização. Quando bem executada, ela pode revelar pontos de força e de melhoria, não apenas nos indivíduos mas em toda a estrutura organizacional, proporcionando insights valiosos para o alinhamento estratégico. Líderes e gestores desempenham um papel central nesse processo, não apenas como avaliadores, mas também como protagonistas na promoção de uma cultura de feedback e desenvolvimento contínuo.

Por isso, é essencial que as avaliações de desempenho sejam planejadas e conduzidas com um profundo senso de propósito e integridade. Elas devem ser claras, objetivas e justas, com critérios bem-definidos que sejam compreendidos por todos os envolvidos. A transparência no processo é fundamental para manter a confiança dos colaboradores e para que os resultados das avaliações sejam aceitos e utilizados de maneira construtiva.

Além disso, um sistema eficaz de avaliação de desempenho deve ser dinâmico e adaptável. As organizações mudam, os mercados evoluem e as necessidades das equipes se transformam. Portanto, os métodos de avaliação também devem evoluir para acompanhar essas mudanças, garantindo que continuem relevantes e eficazes. Isso pode envolver a revisão periódica dos critérios de avaliação, a introdução de novas ferramentas de medição ou a adaptação das técnicas de feedback.

Implementar e manter um sistema robusto de avaliação de desempenho exige um compromisso com a aprendizagem e a melhoria contínua, tanto para os avaliadores quanto para os avaliados.

O papel da avaliação de desempenho na cultura de gestão

Definir qual será o propósito da avaliação de desempenho é o ponto inicial para construir uma cultura de gestão saudável, pois ela é uma prática estratégica que, além de alinhar esforços individuais e coletivos aos objetivos organizacionais, serve como um catalisador para mudanças intencionais de comportamento e performance, que molda e consolida o tipo de cultura de gestão que uma organização pretende estabelecer; afinal de contas, aquilo que será cobrado na avaliação de desempenho é o que será percebido e moldará as dinâmicas comportamentais das pessoas na equipe.

No Capítulo 2, eu expliquei sobre os cinco tipos principais de cultura de gestão, cada um com as próprias características e ênfases: de poder, de tarefas, de inovação, de foco em resultados e metas e de pessoas. A avaliação de desempenho, ao ser meticulosamente projetada e implementada, permite que a organização não apenas identifique quais desses modelos culturais ela deseja enfatizar ou minimizar, mas também avalie como cada membro da equipe contribui para a promoção desses valores.

Por exemplo, em uma cultura orientada ao poder, as avaliações podem focar a habilidade dos indivíduos de tomar decisões e exercer influência na organização. Agora, se o que se busca é reduzir cada vez mais práticas e comportamentos desse modelo de cultura, a avaliação servirá para mensurar ou incentivar quais mudanças precisam ser valorizadas para cumprir tal objetivo.

Em culturas focadas em tarefas, o desempenho pode ser medido pela eficiência e eficácia na conclusão de atividades específicas. Culturas voltadas para a inovação valorizam a criatividade e a introdução de novas ideias, portanto, as avaliações podem procurar evidências de pensamento inovador e iniciativa. Por outro lado, uma cultura que prioriza o foco em resultados e metas enfatiza a conquista de objetivos claros e quantificáveis, ao passo que uma cultura orientada às pessoas se concentrará em como os funcionários contribuem para a construção de um ambiente de trabalho colaborativo.

Além disso, a avaliação de desempenho é uma ferramenta excepcional para medir a aderência dos colaboradores aos valores fundamentais da empresa. Esse alinhamento, como vimos ao longo da leitura, é essencial, pois reflete diretamente na capacidade da organização de viver de acordo com seus princípios declarados e, por extensão, na sua capacidade de atingir seus objetivos estratégicos de longo prazo. Avaliar se os colaboradores incorporam os valores da empresa em suas atividades diárias é fundamental para garantir que a cultura organizacional não seja apenas um conjunto de palavras em um documento, mas uma realidade viva que permeia todas as ações e decisões.

Portanto, é evidente que a avaliação de desempenho transcende a simples medição de resultados individuais ou de equipe. Ela é uma manifestação concreta da estratégia organizacional, um espelho que reflete o sucesso da empresa em praticar uma cultura que não apenas aspira à excelência, mas que também cultiva e valoriza os atributos humanos e profissionais que são venerados pela organização. Essa abordagem holística assegura que as avaliações de desempenho sejam verdadeiramente transformadoras.

Essa evolução no modelo de avaliar sua equipe construirá uma base sólida para diálogos construtivos sobre desempenho e expectativas, proporcionando momentos regulares de reflexão e discussão sobre desafios, sucessos e áreas de melhoria, criando um ambiente de trabalho que valoriza o aprendizado contínuo e a adaptação.

Alinhamento com objetivos organizacionais

Outro aspecto importantíssimo acerca da avaliação de desempenho é que ela é uma ferramenta fundamental para garantir que os objetivos individuais dos colaboradores estejam alinhados com os objetivos estratégicos da organização. Como vimos, esse alinhamento é essencial para que as empresas possam canalizar efetivamente os esforços de sua força de trabalho na direção dos resultados desejados, otimizando, assim, os recursos e o tempo disponível.

Por exemplo, consideremos uma organização que definiu como principal meta para determinado período o aumento de lucro e rentabilidade, em vez de focar a expansão das vendas ou a melhoria do posicionamento de mercado. Nesse contexto, a avaliação de desempenho torna-se uma ferramenta crucial para verificar se as atividades e os resultados alcançados pelos colaboradores estão efetivamente focados em otimizar custos e maximizar receitas. Esse processo implica uma revisão meticulosa de processos e comportamentos em todas as áreas da organização, desde a produção até o atendimento ao cliente. Essa avaliação deve ser desenhada para assegurar que todas as ações estejam coerentemente alinhadas com esse objetivo financeiro, ajudando a empresa a alcançar suas metas com eficácia. Em outras palavras, a avaliação de desempenho deve aferir se todos estão "dançando a mesma música".

Além de alinhar os esforços à estratégia corporativa, a avaliação de desempenho é vital para cultivar e reforçar a cultura de gestão desejada pela organização. Uma das maneiras de avaliar esse alinhamento cultural é por meio da avaliação do encaixe cultural dos colaboradores, algo que também já vimos ao longo do livro, pois aqueles que compartilham e vivenciam os valores da organização tendem a ser mais engajados e produtivos, contribuindo para um ambiente de trabalho mais coeso e positivo. Ao avaliar esse fit cultural, a organização pode determinar até que ponto cada colaborador reflete os valores e os princípios da empresa em seu trabalho diário. Por exemplo, uma empresa que valoriza a inovação e a criatividade quer ver essas características refletidas nas avaliações de desempenho de seus colaboradores.

Outro aspecto importante das avaliações de desempenho é a capacidade de identificar líderes emergentes que personificam os valores da empresa e demonstram potencial para assumir responsabilidades maiores. Ao reconhecer e promover esses indivíduos, a organização pode fortalecer seu *pipeline* de liderança e garantir uma sucessão eficaz, fundamental para a sustentabilidade no longo prazo de seu negócio.

Sendo assim, mais do que uma simples revisão de como os indivíduos estão performando ou se comportando, a avaliação de desempenho é uma estratégia integrada que ajuda a alinhar os esforços individuais e coletivos aos objetivos globais da empresa, enquanto fortalece a cultura organizacional desejada. Essa ferramenta não apenas dirige o desempenho para resultados específicos mas também cultiva um ambiente onde os valores corporativos são vividos e respirados diariamente, contribuindo para uma organização mais robusta e adaptável. Afinal de contas, ela será o grande balizador de tudo.

Vinculação da avaliação ao bônus e ao PLR: alinhamento ao mérito, e não à mediocridade

A distribuição de participação nos lucros ou resultados (PLR) é uma prática que gera debates intensos sobre a melhor forma de execução. Enquanto alguns argumentam que a distribuição igualitária promove a harmonia e a equidade na empresa, outros, como eu, defendem uma abordagem diferenciada, embasada no desempenho individual. Essa segunda visão apoia a ideia de que recompensas devem refletir o mérito e o engajamento do colaborador, em vez de adotar um modelo "tamanho único" que não considera as diferenças individuais no contributo para os objetivos da empresa.

A distribuição igualitária do PLR pode parecer justa à primeira vista, mas frequentemente ignora as nuances do desempenho individual e da contribuição ao sucesso da empresa. Esse modelo pode, inadvertidamente, premiar a mediocridade e penalizar o mérito, criando um ambiente onde o mínimo é aceitável. Os colaboradores que se esforçam para superar expectativas e contribuir de maneira significativa para a empresa podem se sentir injustiçados ao ver que seus esforços resultam em recompensas financeiras idênticas às de colegas menos comprometidos.

Avaliação de desempenho **169**

Uma das formas mais efetivas de utilizar a avaliação de desempenho como ferramenta de gestão de mudanças é vinculá-la diretamente a incentivos financeiros, como bônus ou PLR.

Os resultados dessas avaliações são diretamente utilizados para calcular o montante do bônus anual ou do PLR. Colaboradores que atingem ou superam suas metas recebem um percentual maior, ao passo que aqueles que ficam abaixo das expectativas recebem um incentivo reduzido. Esse modelo cria um ambiente onde os colaboradores estão altamente engajados não apenas a cumprir suas tarefas mas a superar expectativas, sabendo que seus esforços serão reconhecidos e recompensados de maneira tangível. Sem uma avaliação de desempenho estruturada fica impossível de implantar tal prática. Muitas empresas, ao implantar programas de participação de resultados ou bônus por performance, acabaram retrocedendo porque não conseguem mensurar com clareza a performance individual, ou acabaram adotando um modelo mais igualitário de distribuição, o que pode ser visto por muitos como injusto.

Ao vincular a avaliação de desempenho aos resultados financeiros do colaborador, a empresa promove uma série de mudanças comportamentais. Os colaboradores tornam-se mais proativos em buscar maneiras de melhorar seus desempenhos e contribuir para os objetivos gerais da empresa. Além disso, como explicado anteriormente, essa abordagem ajuda a alinhar os objetivos individuais com os da organização. Quando os colaboradores entendem como suas ações e desempenho impactam diretamente nos resultados da empresa – e por extensão, nos próprios ganhos –, eles têm mais clareza sobre a importância de suas contribuições. Isso também promove maior alinhamento com a cultura da empresa, sobretudo se os critérios de avaliação refletirem os valores e os princípios organizacionais. Essa estratégia incentiva e facilita mudanças operacionais.

Os desafios para implantar uma avaliação de desempenho

A implementação de um sistema de avaliação de desempenho pode ser uma das ferramentas mais transformadoras para uma organização, mas também pode introduzir desafios e fenômenos culturais que precisam ser cuidadosamente gerenciados. A seguir, listo alguns dos principais desafios que as empresas enfrentam ao implantar uma avaliação de desempenho e como esses desafios podem impactar a cultura organizacional com base em tudo aquilo que já experimentei nos últimos dezoito anos atuando em programas de consultorias.

1. **Resistência à mudança**

   Um dos maiores desafios. Colaboradores e, às vezes – ou "quase sempre" –, gestores podem ver a avaliação de desempenho como uma ameaça, sobretudo se estiverem acostumados a um ambiente menos estruturado onde as expectativas e os critérios de avaliação não são claros ou nem mesmo existem. A introdução de um sistema formal de avaliação pode ser percebida como um caminho para o microgerenciamento ou uma ferramenta para justificar demissões ou outras decisões de gestão adversas, ou até de manipulação.

   Como superar
   - **Engajamento proativo:** antes de implementar o sistema, envolva os colaboradores no processo. Explique os benefícios que o sistema trará para a dinâmica empregatícia, como oportunidades de crescimento e reconhecimento mais claros.
   - **Educação e treinamento:** realize sessões de treinamento não apenas sobre como usar o sistema mas também sobre como ele pode contribuir para o desenvolvimento pessoal e profissional.
   - **Implementação gradual:** comece com um piloto em um departamento antes de implementar a empresa toda, permitindo ajustes fundamentados no feedback real dos participantes.

2. **Injustiças percebidas e favoritismos**

   Outro desafio significativo é a percepção de injustiça ou favoritismo. Se os critérios de avaliação não forem bem-definidos, transparentes e uniformemente aplicados, pode surgir a sensação de que algumas avaliações são embasadas mais em simpatias pessoais do que em mérito real.

   Como superar
   - **Transparência nos critérios:** os critérios de avaliação devem ser claros, justos e conhecidos por todos os colaboradores e aplicados

Avaliação de desempenho **171**

uniformemente, sem espaço para interpretações variadas que possam levar a favoritismos.

- **Treinamento em avaliação:** os avaliadores devem ser treinados para manter a objetividade e para reconhecer e controlar os próprios vieses.
- **Auditorias e revisões regulares:** as avaliações devem ser periodicamente revisadas por um comitê ou uma terceira parte para garantir que estão sendo aplicadas justamente.

3. Foco excessivo em pontuação

A avaliação de desempenho pode inadvertidamente criar um ambiente onde o foco é apenas a pontuação ou os resultados finais, em vez de o desenvolvimento contínuo e a aprendizagem. Isso pode levar à manipulação de números ou à adoção de comportamentos que visam apenas melhorar a pontuação em vez de realmente melhorar o desempenho.

Como superar

- **Balanceamento de métricas:** combine métricas quantitativas com qualitativas. Feedback contínuo e avaliações formativas podem complementar as avaliações mais formais e embasadas em números.
- **Foco no desenvolvimento:** encoraje os gestores a usar a avaliação como um ponto de partida para discussões sobre carreira e desenvolvimento, não apenas como uma nota final.
- **Cultura de feedback contínuo:** cultive uma cultura na qual o feedback é uma parte regular da vida da empresa, e não algo que acontece apenas na avaliação de desempenho.

4. Sobrecarga administrativa

A introdução de um sistema de avaliação de desempenho também pode levar a uma sobrecarga administrativa, sobretudo se o sistema não for bem projetado ou se a tecnologia usada não for adequada. Isso pode desviar recursos de outras atividades críticas.

Como superar

- **Tecnologia e simplificação:** use ferramentas tecnológicas para automatizar e simplificar o processo de avaliação tanto quanto possível. Escolha soluções que integrem bem com outros sistemas usados pela empresa. A ferramenta PowerKR® possui um módulo pronto para a aplicação de tal avaliação.
- **Revisão contínua do sistema:** avalie regularmente a eficácia do sistema de avaliação e faça ajustes para reduzir a complexidade desnecessária.
- **Treinamento em eficiência:** ensine os gestores a conduzirem avaliações de modo eficiente, focando o que realmente importa para o desenvolvimento do colaborador e para os objetivos da empresa.

Como construir a avaliação de desempenho

Para garantir a eficácia de uma avaliação de desempenho em uma organização, é crucial que sua estruturação esteja alinhada com os objetivos estratégicos da empresa e seja adaptada às especificidades de cada departamento. A maneira como a avaliação é construída pode significativamente impactar os resultados da cultura de gestão que a empresa deseja alcançar, então, desenvolver um sistema de avaliação de desempenho que não só avalie eficazmente o desempenho individual mas também contribua para os objetivos maiores da organização é um desafio e tanto.

1. **Adaptação aos objetivos estratégicos**

   É essencial que a avaliação de desempenho esteja sincronizada com os objetivos estratégicos da empresa. Isso significa que cada período de avaliação, seja ele anual, seja semestral, deve ter um "tom" que reflita as necessidades e as prioridades atuais da organização. Por exemplo, se a empresa está em uma fase de expansão de mercado, os critérios de avaliação podem ser orientados para medir a contribuição dos colaboradores para o crescimento das vendas ou a conquista de novos clientes. Por outro lado, se a empresa passa por um período de consolidação, o foco pode estar na eficiência operacional e na redução de custos, com avaliações que priorizam a otimização de processos e a economia de recursos. Esse alinhamento garante que os esforços dos colaboradores estejam diretamente ligados às necessidades atuais da empresa, maximizando o impacto de suas contribuições.

2. Diferenciação por departamento

Reconheça que nem todos os departamentos devem ser avaliados da mesma maneira. As competências técnicas (hard skills) requeridas em um setor de TI são distintas daquelas necessárias em vendas ou em recursos humanos. Portanto, enquanto a avaliação de um desenvolvedor de software pode se concentrar em habilidades técnicas e inovação, a de um vendedor pode ser mais orientada para resultados de vendas e habilidades de negociação. Para abordar essas diferenças, cada departamento deve desenvolver seus próprios critérios de avaliação, que serão então integrados ao sistema de avaliação de desempenho geral da empresa. Isso não só assegura que os critérios sejam relevantes e específicos para cada área mas também aumenta a percepção de justiça e a relevância entre os colaboradores.

3. Definir os critérios de avaliação de hard e soft skills

A eficácia de uma avaliação de desempenho depende significativamente da clareza e da especificidade dos critérios usados para medir o desempenho dos colaboradores. Uma abordagem eficiente para garantir essa clareza é separar as habilidades técnicas, conhecidas como hard skills, das habilidades comportamentais, chamadas de soft skills, durante o processo de avaliação. Essa separação permite uma análise mais precisa e direcionada do desenvolvimento de cada colaborador, além de facilitar a implementação de intervenções de treinamento e desenvolvimento mais específicas e eficazes.

- **Hard skills:** são as habilidades técnicas necessárias para executar tarefas específicas em um trabalho, elas são em geral quantificáveis e podem ser facilmente definidas e medidas. Exemplos de hard skills incluem a capacidade de programar em linguagens específicas, para um desenvolvedor de software; conhecimento de princípios contábeis, para um contador; ou habilidades de operação de máquinas, para um operador de fábrica. A avaliação dessas competências é geralmente embasada no desempenho quantitativo e na eficácia com que as tarefas são executadas. Por exemplo, a produtividade de um programador pode ser medida pelo número de linhas de código escritas ou pela quantidade de erros corrigidos em um ciclo de desenvolvimento. Esse tipo de avaliação é crítico porque permite que as organizações determinem se os funcionários possuem as competências técnicas necessárias para cumprir suas funções.

- **Soft skills:** são as habilidades interpessoais que influenciam a maneira como um indivíduo interage com outras pessoas e como ele se encaixa na cultura da empresa. Essas habilidades incluem comunicação, liderança, adaptabilidade, trabalho em equipe e resolução de conflitos. Ao contrário das hard skills, as soft skills são mais subjetivas e podem ser mais desafiadoras para avaliar de maneira quantitativa. A avaliação dessas competências é necessária para entender como um indivíduo contribui para a equipe e a organização como um todo. Por exemplo, a capacidade de um líder de motivar sua equipe e gerenciar conflitos pode impactar diretamente a moral e a produtividade da equipe. Da mesma forma, a habilidade de um colaborador em comunicar-se efetivamente pode influenciar o sucesso de projetos colaborativos e a eficiência operacional.

Separar a avaliação permite que os gestores e o RH da empresa tenham uma visão mais clara e estruturada do desempenho dos colaboradores. Isso facilita o desenvolvimento de planos de treinamento específicos e focados que podem ser direcionados para melhorar habilidades técnicas ou comportamentais conforme necessário. Além disso, essa separação ajuda a manter os padrões de avaliação justos e transparentes, aumentando a confiança dos colaboradores no sistema de avaliação.

E atenção: modelos de avaliação de desempenho que tentam combinar as habilidades técnicas com as interpessoais em um único demonstrativo gráfico muitas vezes falham em fornecer uma visão clara e objetiva do desempenho do colaborador. Essa abordagem mista pode confundir os critérios de avaliação, tornando difícil para os gestores identificar as áreas específicas que necessitam de desenvolvimento.

Valores corporativos como critério de avaliação

Os valores corporativos representam os princípios e as crenças fundamentais que orientam as interações em uma organização e com seus stakeholders externos. Ao incorporar esses valores como critérios de avaliação das soft skills, estabelece-se um padrão claro de comportamento esperado que está alinhado com a missão e a visão da empresa.

Um colaborador cujos valores pessoais estão em desacordo com os valores da empresa pode encontrar dificuldades para se integrar plenamente no ambiente organizacional. Por exemplo, uma empresa que valoriza a colaboração e o trabalho em equipe terá dificuldades com um colaborador que prefira trabalhar isoladamente e que possa ser percebido como não cooperativo. Utilizar os valores da empresa como critérios de avaliação ajuda a identificar e recompensar comportamentos que promovem os objetivos estratégicos da organização, ao mesmo tempo que facilita a identificação de áreas onde os colaboradores podem precisar de desenvolvimento adicional para alinhar suas ações com as expectativas organizacionais. Essa abordagem de integrar valores corporativos na avaliação de desempenho reflete a teoria de Jack Welch de gestão por valores, que vimos no Capítulo 3.

A longevidade de um colaborador na organização está intimamente ligada à sua capacidade de internalizar e refletir os valores corporativos em seu comportamento diário. Colaboradores que demonstram alto grau de alinhamento com os valores da empresa são frequentemente aqueles que se sentem mais engajados e satisfeitos com seu trabalho, resultando em menor rotatividade e em um ambiente de trabalho mais estável e produtivo.

Você já deve ter percebido algumas empresas nas quais é muito comum os colaboradores em algum momento mencionarem que seu "sangue é azul ou amarelo", fazendo uma alusão às cores da empresa; isso é fruto de cultura embasada nos valores da companhia.

Apresento a seguir um exemplo de estruturação de avaliação de desempenho organizado e em dois critérios, hard skills (habilidades técnicas) e soft skills (habilidades comportamentais). Observe como os itens podem ser organizados e descritos para cada área:

Habilidades técnicas – hard skills	Habilidades interpessoais – soft skills
Domínio dos processos do setor	Comunicação
Cumprimento de objetivos	Trabalho em equipe
Organização e planejamento	Liderança e influência
Pontualidade nas entregas	Proatividade
Qualidade das entregas	Adaptabilidade

Cada critério deverá ser avaliado com base em indicadores específicos e uma escala de classificação clara (por exemplo, de 1 a 5). Vale destacar novamente que é crucial que os colaboradores recebam explicações detalhadas sobre o que cada nível de avaliação representa, para garantir transparência e justiça no processo de avaliação. Elabore uma tabela explicando cada uma das classificações das notas, sendo 1 para insuficiente e 5 para supera expectativas.

Nota	Classificação	Descrição detalhada
1	Insuficiente	Desempenho não atende às expectativas mínimas do cargo. Necessita de melhorias significativas e imediatas.
2	Abaixo das expectativas	Desempenho apresenta algumas falhas que impedem a realização eficaz das tarefas. É preciso aprimoramento.
3	Atende às expectativas	Desempenho satisfatório, cumpre as tarefas como requerido, sem falhas graves, mas sem destaques notáveis.
4	Excede expectativas	Desempenho consistentemente acima do esperado, com contribuições valiosas e superação de desafios.
5	Supera expectativas	Desempenho excepcional, superando significativamente todas as expectativas e demonstrando qualidades únicas.

Essa tabela pode ser adaptada e expandida com exemplos específicos para tornar as avaliações mais transparentes e alinhadas com o propósito da avaliação.

4. Definir os níveis de avaliação: 90, 180 e 360 graus

Os níveis de avaliação de desempenho representam diferentes abordagens e abrangências no processo de avaliação. Cada um desses níveis traz uma perspectiva única e contribui para uma visão mais holística do desempenho do colaborador.

- **Avaliação de 90 graus:** esse é o modelo mais simples de avaliação de desempenho. Nele, a avaliação é realizada diretamente pelo gestor do colaborador. Concentra-se nas hard skills, como o domínio dos processos do setor e a qualidade das entregas, bem como nas soft skills, como comunicação e trabalho em equipe. Essa avaliação direta pelo gestor permite um feedback focado e direto, abordando tanto as competências técnicas quanto as comportamentais relacionadas às responsabilidades do cargo.

- **Avaliação de 180 graus:** além do gestor direto, a avaliação de 180 graus inclui a autoavaliação do colaborador. Esse método permite uma comparação entre a percepção do gestor e a percepção pessoal do colaborador sobre o próprio desempenho. Isso ajuda a identificar discrepâncias entre como o trabalho é percebido pelo colaborador e como é avaliado pela gestão. Pode também incluir feedback de colegas que estão no mesmo nível, mas normalmente se concentra no indivíduo e seu supervisor direto.

- **Avaliação de 360 graus:** é a mais abrangente e inclui feedback de uma gama completa de fontes. Além do gestor direto e do próprio colaborador, ela envolve a opinião de colegas, subordinados e, às vezes, até de clientes ou outros stakeholders externos. Esse tipo de avaliação é valioso porque oferece uma perspectiva multifacetada do desempenho do colaborador, abordando não apenas suas habilidades técnicas mas também competências interpessoais e a capacidade de trabalhar eficazmente em equipe. A avaliação de 360 graus é especialmente útil para o desenvolvimento de lideranças.

Ao implantar a cultura de avaliação de desempenho nas organizações, é estratégico começar pelo modelo mais simples, o de 90 graus. Existem várias razões práticas e estratégicas para essa abordagem inicial:

- **Simplicidade e clareza:** é direto, envolvendo apenas o feedback do gestor direto do colaborador. Isso simplifica o processo de avaliação, tornando-o mais fácil de entender e implementar tanto para gestores quanto para os colaboradores.

- **Facilidade de implementação:** pode ser implementado mais rápido e com menos recursos. Isso é particularmente vantajoso para organizações que estão apenas começando a formalizar processos de avaliação de desempenho e ainda estão desenvolvendo as competências de gestão de feedback dos líderes.

- **Menor resistência à mudança:** começar com uma abordagem mais simples e direta pode ajudar a mitigar essa resistência, permitindo que os colaboradores e gestores se acostumem gradualmente com o processo.

- **Foco no desenvolvimento de gestores:** proporciona uma excelente oportunidade para desenvolver as habilidades de gestão de pessoas, feedback e comunicação dos líderes. Além disso, capacita os gestores a entenderem profundamente as competências e as necessidades de desenvolvimento de suas equipes.

- **Base para evolução gradual:** conforme a organização amadurece em sua abordagem de avaliação de desempenho e a cultura de feedback se fortalece, pode-se evoluir para modelos mais complexos como o de 180 graus e, eventualmente, o de 360 graus. Essa progressão permite ajustes contínuos e melhorias no processo com base nas lições aprendidas nas fases anteriores.

Aplicação da primeira rodada de avaliação de desempenho

Ao chegar à fase de realizar a primeira rodada de avaliação de desempenho, chega também a hora de gerenciar cuidadosamente cada etapa para garantir que o processo seja bem-sucedido e contribua positivamente para a cultura de gestão da empresa. São elas:

- **Treinamento dos líderes:** antes de iniciar as avaliações, é fundamental oferecer treinamento adequado aos líderes que conduzirão o processo. Esse treinamento deve cobrir como usar a ferramenta de avaliação, entender os critérios, os objetivos da avaliação e como fornecer feedback construtivo. O foco deve estar em garantir que todos os líderes estejam confortáveis e preparados para avaliar suas equipes.

Avaliação de desempenho **179**

- **Definição de prazos:** estabeleça prazos claros para a conclusão das avaliações, que devem ser comunicados a todos os envolvidos, desde os líderes até os colaboradores, para que todos estejam cientes das expectativas e possam se organizar para cumprir os prazos. Isso ajuda a manter o processo organizado e a evitar atrasos que podem comprometer a eficácia das avaliações.
- **Confidencialidade:** garanta que todas as informações coletadas durante as avaliações sejam tratadas com o máximo sigilo. Os líderes devem ser instruídos sobre a importância de manter a confidencialidade para proteger a integridade do processo e a privacidade dos colaboradores.
- **Realização das avaliações:** cada líder será responsável por realizar as avaliações de sua equipe. É importante que eles compreendam que a esse deve ser um processo reflexivo e detalhado, não apenas um preenchimento de formulários. Eles devem avaliar cada membro da equipe contra os critérios estabelecidos, considerando tanto as competências técnicas (hard skills) quanto as comportamentais (soft skills).
- **Sessões de devolutivas:** as devolutivas devem ser agendadas para um momento posterior, permitindo que tanto o líder quanto o colaborador tenham tempo para se preparar de maneira produtiva. Durante essas sessões, os líderes devem discutir os resultados da avaliação com cada colaborador, o fórum para isso será uma sessão de feedback construtivo (conforme abordado no capítulo anterior) e discutir planos de ação para desenvolvimento futuro.

  Um detalhe importante: na sessão devolutiva, o gestor deverá estar munido do gráfico da avaliação de desempenho para apresentar ao liderado, é importante que este recurso visual esteja presente.
- **Monitoramento e ajustes:** finalmente, após a primeira rodada de avaliações e feedback, é importante monitorar o processo e fazer ajustes conforme necessário. Isso pode incluir solicitar feedback sobre o processo de avaliação dos próprios líderes e colaboradores, para entender o que funcionou bem e o que pode ser melhorado na próxima rodada.

Para ajudar você nesse processo, a seguir apresento o modelo de avaliação de desempenho que utiliza a ferramenta PowerKR®.

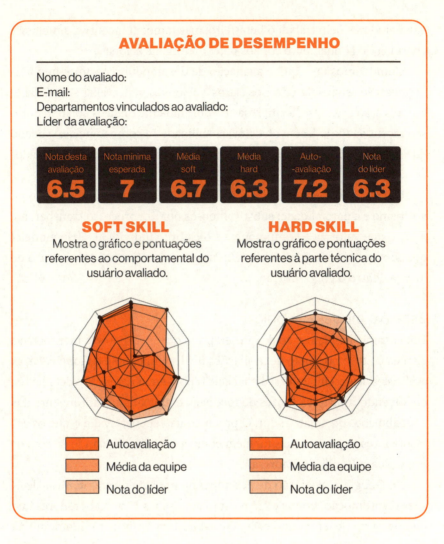

Avaliação de desempenho como fundamento da meritocracia

A avaliação de desempenho é um pilar fundamental para sustentar uma cultura de meritocracia dentro das organizações. Em essência, a meritocracia é um sistema em que a progressão na carreira e as recompensas são baseadas no mérito, na competência e nos resultados alcançados. Um sistema eficaz de avaliação de desempenho não apenas reconhece e recompensa os colaboradores pelo trabalho bem-feito, mas também incentiva a melhoria contínua e o alinhamento com os objetivos organizacionais.

Como vimos até aqui, a avaliação de desempenho permite que uma organização estabeleça critérios claros e objetivos para avaliar seus colaboradores e, ao fazer isso, a empresa cria um ambiente onde os colaboradores são incentivados a desenvolver suas habilidades e competências, sabendo que seu crescimento e suas recompensas estarão diretamente relacionados ao seu desempenho e contribuição para o todo.

Um sistema meritocrático bem implementado ajuda a eliminar o favoritismo e a parcialidade, substituindo-os por um processo transparente e justo que valoriza a competência e o esforço individual. Esse modelo, quando bem gerido e bem implementado, promove um sentimento de justiça dentro da organização.

Esse é o modelo Google

Um exemplo emblemático de uma empresa que incorporou a meritocracia em sua cultura por meio de avaliações de desempenho é o Google. Lá, as avaliações de desempenho são conhecidas por serem rigorosas e detalhadas, envolvendo múltiplas fontes de feedback e uma análise abrangente das contribuições do colaborador. O processo não apenas avalia o que os colaboradores alcançam, mas também como alcançam, alinhando-se com os princípios culturais da empresa.

No Google, a avaliação de desempenho impacta diretamente as decisões de promoção, bônus e até mesmo demissões. Os colaboradores que demonstram desempenho excepcional podem avançar rapidamente na empresa, enquanto aqueles que não atendem às expectativas são incentivados a melhorar ou, em alguns casos, são realocados ou deixam a empresa. Isso reforça um ciclo de alto desempenho, onde os padrões são constantemente elevados e todos na organização são motivados a se esforçar por excelência.

A AVALIAÇÃO DE DESEMPENHO É UMA FERRAMENTA EXCEPCIONAL PARA MEDIR A ADERÊNCIA DOS COLABORADORES AOS VALORES FUNDAMENTAIS DA EMPRESA.

NÃO SEJA BABÁ DE GENTE GRANDE
@FABIANOZANZIN

10

ENGAJAMENTO × MOTIVAÇÃO

Fator competitivo pode ser apenas um detalhe, mas representa anos-luz de diferença de seus concorrentes.

O engajamento de equipe é uma noção amplamente discutida no ambiente corporativo, mas com frequência mal interpretada. Muitos tendem a vê-lo como um mero sentimento de entusiasmo ou motivação no local de trabalho, porém, na realidade, engajamento é muito mais sobre ação e comprometimento do que sobre sentimentos. Um colaborador verdadeiramente engajado é aquele que continua a agir em prol dos objetivos da organização, independentemente de seu estado emocional momentâneo.

Engajamento significa ter colaboradores que, mesmo em dias menos inspiradores, continuam a executar suas tarefas com dedicação e precisão. Isso é vital, especialmente em situações em que a consistência e a continuidade das ações são essenciais para o sucesso empresarial. Essa persistência dos esforços diários, mesmo sem uma motivação constante, destaca o verdadeiro significado de estar engajado: é uma escolha consciente de agir de acordo com os compromissos assumidos.

No entanto, não se pode negar que o engajamento acompanhado de motivação gera os melhores resultados. Quando uma empresa consegue alinhar os interesses dos seus colaboradores com os objetivos organizacionais, cria-se um ambiente onde a motivação intrínseca floresce. Esse alinhamento fortalece o comprometimento do colaborador, tornando-o não apenas mais satisfeito, mas também mais produtivo e inovador.

O desafio para as empresas, portanto, é desenvolver estratégias eficazes que promovam tanto o engajamento quanto a motivação. As soluções para esse desafio são diversificadas e envolvem desde ajustes nas políticas de recursos humanos até a implementação de um ambiente de trabalho que seja ao mesmo tempo saudável e acolhedor. A chave está nas práticas apresentadas neste livro: cultivar uma cultura organizacional onde feedbacks construtivos e o reconhecimento sejam constantes.

No capítulo anterior, pudemos compreender como cultura de avaliação de desempenho bem-estruturada é crucial nesse processo. Ela permite que a empresa não apenas avalie o cumprimento das tarefas, mas também fortaleça os comportamentos alinhados com a cultura organizacional desejada. Tais avaliações devem estar diretamente ligadas a sistemas de recompensa e reconhecimento, como bônus ou planos de desenvolvimento profissional, para reforçar os comportamentos desejados.

Essa perspectiva sobre engajamento, focada em ação e suportada por uma infraestrutura organizacional sólida, transforma a gestão de pessoas. Deixa de ser apenas sobre como os colaboradores se sentem, para concentrar-se no que eles efetivamente realizam e como podem ser apoiados para aprimorar suas contribuições continuamente.

Por isso, é essencial que as lideranças sejam capacitadas para implementar e gerir tais processos de maneira eficaz. Como vimos, a liderança precisa não apenas inspirar, mas também proporcionar aos colaboradores as ferramentas necessárias para que possam se desenvolver e contribuir de maneira significativa para os objetivos da empresa.

Ao adotar essa abordagem, as organizações podem criar uma força de trabalho motivada e profundamente engajada. Uma equipe que entende as metas organizacionais e vê um caminho palpável para o crescimento pessoal e profissional dentro da empresa é mais propensa a permanecer comprometida a longo prazo.

Assim, é evidente que engajar uma equipe vai além de incentivá-la emocionalmente; trata-se de uma série de ações estratégicas que promovem o alinhamento contínuo entre os objetivos pessoais dos colaboradores e os objetivos estratégicos da organização. É esse alinhamento que, no final, conduzirá ao sucesso sustentável da empresa e à realização profissional de seus colaboradores.

A tabela a seguir destaca as principais diferenças entre engajamento e motivação, reforçando que, enquanto a motivação pode oscilar e ser influenciada por fatores externos, o engajamento é mais estável e sustentável, ancorado em estruturas organizacionais e práticas de gestão.

Aspecto	Engajamento	Motivação
Definição	Ação persistente em direção a objetivos, independentemente do estado emocional.	Incentivo emocional ou razão que impulsiona uma pessoa a agir.
Comportamento	Continua a executar tarefas com dedicação, mesmo sem motivação emocional constante.	Realiza tarefas com entusiasmo quando motivado emocionalmente.
Foco	Compromisso com metas e objetivos organizacionais, independentemente de fatores pessoais.	Influenciado por sentimentos pessoais e gratificações instantâneas.
Cultura	Suportada por uma infraestrutura organizacional que promove a consciência das ações.	Depende mais de fatores emocionais e pessoais para manter a produtividade.
Sustentabilidade	É um sentimento de longo prazo, construído sobre políticas sólidas e práticas consistentes.	Pode ser de curto prazo e flutuar com o estado emocional do indivíduo.
Alinhamento	Alinhado com as políticas de RH, avaliação de desempenho e objetivos organizacionais para crescimento.	Pode não estar alinhado com objetivos de longo prazo da empresa e se basear apenas em satisfação.
Influência	Impulsionado por uma cultura de feedback construtivo e reconhecimento adequado.	Influenciado por fatores externos, como reconhecimento imediato e recompensas.

O engajamento é uma jornada contínua

Abraço aqui a tese de que o engajamento é algo que pode ser intencionalmente cultivado e é o resultado direto de uma cultura de gestão sólida e transparente. Ao longo de quase duas décadas de experiência prática, aplicando técnicas, ferramentas e conceitos em uma ampla variedade de ambientes empresariais, pude testemunhar e influenciar transformações notáveis nas culturas organizacionais que conduzem ao engajamento profundo dos colaboradores, mas também é verdade que pude presenciar práticas e estratégias que foram um verdadeiro desastre.

O engajamento não surge por acaso nem é o produto de uma motivação superficial. Meu grande objetivo aqui foi fornecer um compêndio de estratégias que foram implementadas e refinadas ao longo dos anos em diversos contextos empresariais, cada uma contribuindo para a montagem do complexo quebra-cabeça que forma uma cultura corporativa engajadora.

Desde o estabelecimento de um plano de carreira claro que delineia um caminho de crescimento para os colaboradores até a implementação de sistemas de feedback construtivo que promovem o desenvolvimento pessoal e profissional, cada elemento descrito nestas páginas tem como objetivo final incentivar um maior engajamento dos colaboradores.

As práticas de avaliação de desempenho, quando bem implementadas, servem como uma ferramenta crucial para medir e fomentar o engajamento. Ao detalhar o método que utilizo para estruturar avaliações que se alinham com os objetivos organizacionais e pessoais, o livro orienta líderes sobre como integrar efetivamente as expectativas de desempenho com as aspirações de carreira dos colaboradores, promovendo uma cultura de meritocracia e reconhecimento justo.

A liderança é outro pilar central na construção de uma cultura de engajamento. Líderes não são meros executores de tarefas; eles são os cultivadores dos valores e os principais influenciadores do clima organizacional. A capacidade de um líder em inspirar, orientar e apoiar sua equipe é determinante para o nível de engajamento que será atingido. Por isso, a formação de líderes capazes de fomentar um ambiente de trabalho positivo e produtivo é destacada como essencial.

Eu tentei não apenas teorizar sobre conceitos de gestão, mas demonstrar como aplicá-los efetivamente no dia a dia corporativo. Cada capítulo é uma exploração de diferentes dimensões do engajamento, desde a implementação de estratégias de comunicação interna que promovem transparência e abertura até a importância de alinhar os benefícios e reconhecimentos às reais contribuições dos colaboradores.

A mensagem final que desejo transmitir é que o engajamento é multifacetado e exige um compromisso contínuo. Espero ter proporcionado aos líderes e gestores as ferramentas necessárias para cultivar um ambiente onde o engajamento não seja apenas um objetivo desejável, mas uma realidade palpável e sustentável. O verdadeiro teste para qualquer cultura de gestão está além de alcançar resultados no curto prazo, pois visa manter altos níveis de engajamento e satisfação ao longo do tempo, criando, assim, um legado de sucesso e inovação.

O caminho para uma cultura de engajamento forte é complexo e desafiador, mas também extremamente recompensador. As empresas que se dedicam a esse esforço descobrirão que não estão apenas melhorando seus resultados, mas estão também enriquecendo a vida profissional de cada membro da equipe, estabelecendo uma fundação sólida para o futuro da organização e de seus colaboradores.

7 DICAS FINAIS

1. **Seja extremamente exigente, porém extremamente justo:** a exigência com os padrões de performance e comportamento podem e devem ser o balizador da sua equipe; jamais seja injusto;
2. **Comunique-se com clareza:** mantenha as linhas de comunicação abertas e transparentes; a clareza na comunicação é o alicerce do engajamento e da confiança dentro de qualquer equipe;
3. **Reconheça e recompense:** não subestime o poder do reconhecimento; um simples obrigado pode aumentar significativamente o engajamento de uma pessoa;
4. **Desenvolva talentos:** investir no desenvolvimento contínuo da sua equipe não é apenas um benefício, é uma necessidade; equipes que crescem juntas permanecem juntas;
5. **Promova a autonomia:** empodere seus colaboradores dando-lhes a liberdade de tomar decisões e a responsabilidade de possuí-las; a autonomia fomenta o engajamento e a inovação;
6. **Feedback construtivo:** transforme o feedback em uma cultura de crescimento; o feedback não é uma ferramenta isolada;
7. **Celebre as vitórias:** tire um momento para celebrar as vitórias, grandes e pequenas. Esses momentos de celebração reforçam a coesão e relembram a todos o valor de seu trabalho e seu impacto.

7 VERDADES QUE VOCÊ NUNCA DEVE ESQUECER AO LIDERAR E GERENCIAR EQUIPES

1. **Sua equipe nunca estará pronta:** liderança e desenvolvimento de equipe são processos contínuos. Sempre haverá espaço para crescimento e adaptação às mudanças;

2. **Pessoas irão trair você:** esteja ciente de que nem todos os membros da equipe terão os mesmos valores ou o mesmo comprometimento com o sucesso da empresa. Esteja atento e saiba gerenciar as expectativas e confianças depositadas;

3. **Algumas pessoas não vão querer continuar junto com você nessa jornada:** reconheça que nem todos os membros da equipe estarão alinhados com a visão de longo prazo da empresa, e alguns podem optar por sair. Esteja preparado para essas eventualidades e saiba como lidar com elas de maneira produtiva;

4. **Escute seus instintos:** muitas vezes, a intuição pode guiar decisões importantes. Confie em seus instintos, especialmente quando eles são informados por experiências passadas e conhecimento do seu negócio e equipe;

5. **Não acredite em tudo o que as empresas dizem sobre suas práticas:** mantenha um olhar crítico sobre as práticas empresariais. Investigue e verifique as informações, especialmente quando se referem a questões críticas de gestão e operação. "Nem tudo que reluz é ouro";

6. **Uma coisa é a equipe que você acredita que tem:** às vezes, a percepção que temos de nossa equipe pode ser colorida por nossas esperanças e expectativas, não pela realidade;

7. **Outra bem diferente é a equipe que você verdadeiramente tem:** esteja atento às verdadeiras capacidades, ao desempenho e às atitudes de sua equipe. Avalie objetivamente e faça os ajustes necessários para alinhar a percepção com a realidade.

Por fim, quero reforçar que o engajamento de equipes é a melhor estratégia de negócio que existe, e estou muito feliz em poder ter guiado você pelo começo dessa jornada. Que seu negócio continue sempre engajando e prosperando!

Este livro foi impresso pelo Centro Paulus de Produção
em papel pólen bold 70 g/m² em março de 2025.